HENRIQUE CRISTIANO JOSÉ MATOS

EU ESTAREI
SEMPRE CONVOSCO

LIVROS BÁSICOS DE TEOLOGIA
Para a formação dos agentes de pastoral
nos distintos ministérios e serviços da Igreja

DIREÇÃO E COORDENAÇÃO-GERAL DA COLEÇÃO:
Elza Helena Abreu, São Paulo, Brasil

ASSESSORES:
D. Manoel João Francisco, bispo de Chapecó, Brasil
Mons. Javier Salinas Viñals, bispo de Tortosa, Espanha
João Batista Libanio, S.J., Belo Horizonte, Brasil

Siquem
Ediciones Catequéticas
y Litúrgicas

Paulinas

PLANO GERAL DA COLEÇÃO

TEOLOGIA FUNDAMENTAL

1. *Crer num mundo de muitas crenças e pouca libertação –*
   João Batista Libanio

TEOLOGIA BÍBLICA

2. *História da Palavra I, A*
   A.Flora Anderson / Gilberto Gorgulho / R. Rodrigues da Silva / P. Lima Vasconcellos

3. *História da Palavra II, A*
   A. Flora Anderson / Gilberto Gorgulho / R. Rodrigues da Silva / P. Lima Vasconcellos

4. *Esperança além da esperança – Teologia sistemática, antropologia,escatologia*
   Renold J. Blank / M. Ângela Vilhena

TEOLOGIA SISTEMÁTICA

5. *A Criação de Deus – Deus e Criação*
   Luiz Carlos Susin

6. *Deus Trindade: a vida no coração do mundo – Trindade e graça I*
   Maria Clara L. Bingemer / Vitor Galdino Feller

7. *Deus-amor: a graça que habita em nós – Trindade e graça II*
   Maria Clara L. Bingemer / Vitor Galdino Feller

8. *Jesus Cristo: Servo de Deus e Messias Glorioso (cristologia)*
   Maria Clara L. Bingemer

8.1. *Sois um em Cristo Jesus*
   Antônio José de Almeida

8.2. *Maria, toda de Deus e tão humana*
   Afonso Murad

TEOLOGIA LITÚRGICA

9. *O mistério celebrado: memória e compromisso I*
   Ione Buyst / José Ariovaldo da Silva

10. *O mistério celebrado: memória e compromisso II*
    Ione Buyst / Manoel João Francisco

DIREITO CANÔNICO

12. *Direito eclesial: Instrumento da justiça do Reino*
    Roberto Natali Starlino

HISTÓRIA DA IGREJA

13. *Eu estarei sempre convosco*
    Henrique Cristiano José Matos

TEOLOGIA ESPIRITUAL

14. *Espiritualidade cristã*
    Francisco Catão

TEOLOGIA PASTORAL

15. *Pastoral dá o que pensar, A*
    Agenor Brighenti

APRESENTAÇÃO DA COLEÇÃO

A *formação teológica* é um clamor que brota das comunidades, movimentos e organizações da Igreja. Diante da complexa realidade local e mundial, neste tempo histórico marcado por agudos problemas, sinais de esperança e profundas contradições, *a busca de Deus* se intensifica e percorre caminhos diferenciados. Nos ambientes cristãos e em nossas Igrejas e comunidades, perguntas e questões de todo tipo se multiplicam, e os *desafios da evangelização* também aumentam em complexidade e urgência. Com isso, torna-se compreensível e pede nossa colaboração o *clamor por cursos e obras de teologia* com sólida e clara fundamentação na Tradição da Igreja, e que, ao mesmo tempo, acolham e traduzam em palavras a ação e o sopro de vida nova que o Espírito Santo derrama sobre o Brasil e toda a América Latina.

Os documentos das Conferências do Episcopado Latino-Americano (Celam) e, especialmente as *Diretrizes Gerais da Ação Evangelizadora da Igreja no Brasil* (CNBB), assim como outros documentos de nosso episcopado, não cessam de evidenciar a necessidade de *formação teológica* não só para os presbíteros, mas também para os religiosos e religiosas, para os leigos e leigas dedicados aos distintos ministérios e serviços, assim como para todo o povo de Deus que quer aprofundar e levar adiante sua caminhada cristã no seguimento de Jesus Cristo. Nossos bispos não deixam de encorajar iniciativas e medidas que atendam a esta exigência primordial e vital para a vida da Igreja.

O documento 62 da CNBB, *Missão e ministérios dos cristãos leigos e leigas*, quando trata da "força e fraquezas dos cristãos" afirma: "... aumentou significativamente a busca de formação teológica, até de nível superior, por parte de leigos e leigas" (n. 34). E, mais adiante, quando analisa o "diálogo com as culturas e outras religiões", confirma: "tudo isso torna cada vez mais urgente *a boa formação de cristãos leigos aptos para o diálogo com a cultura moderna e para o testemunho da fé* numa sociedade que se apresenta sempre mais pluralista e, em muitos casos, indiferente ao Evangelho" (n. 143).

Atentas a este verdadeiro "sinal dos tempos", a Editorial Siquem Ediciones e a Editora Paulinas conjugaram esforços, a fim de prestar um serviço específico à Igreja Católica, ao diálogo ecumênico e inter-religioso e a todo povo brasileiro, latino-americano e caribenho.

Pensamos e organizamos a coleção "Livros Básicos de Teologia" (LBT) buscando apresentar aos nossos leitores e cursistas todos os tratados de teologia da Igreja, ordenados por áreas, num total de dezessete volumes. Tratamos de responder ao grande desafio: proporcionar formação teológica básica, de forma progressiva e sistematizada, aos agentes de pastoral e a todas as pessoas que buscam conhecer e aprofundar a fé cristã. Ou seja, facilitar um saber teológico vivo e dinamizador, que "dê o que pensar", mas que também ilumine e "dê o que fazer". Um saber teológico que, fundamentando-se na Sagrada Escritura, junto com a Tradição, na Liturgia, no Magistério da Igreja e na Mística cristã, articule teologia, vida e prática pastoral.

Cabe também aqui apresentar e agradecer o cuidadoso e sugestivo trabalho didático dos nossos autores e autoras. Com o estilo que é próprio a cada um e sem esgotar o assunto, eles apresentam os temas *fundamentais de cada campo teológico*. Introduzem os leitores na linguagem e reflexão teológica, indicam chaves de leitura dos diferentes conteúdos, abrem pistas para sua compreensão teórica e a ligação com a vida, oferecem vocabulários e bibliografias básicas, visando à ampliação e ao aprofundamento do saber.

Reforçamos o trabalho de nossos autores convidando os leitores e leitoras desta coleção a ler e a mover-se com a mente e o coração pelos caminhos descortinados pelos textos. Trata-se de dedicar tempo à leitura, de pesquisar e conversar com o texto e seu autor, com o texto e seus companheiros de estudo. Aí, sim, o saber teológico começará a penetrar a própria interioridade, a incorporar-se na vida de cada dia, e, pela ação do Espírito Santo, gestará e alimentará formas renovadas de pertença à Igreja e de serviço ao Reino de Deus.

Esta coleção já cruzou fronteiras, colocando-se a serviço de um sem número de pessoas e comunidades eclesiais da América Latina e do Caribe. A palavra do Papa João Paulo II, em sua Carta Apostólica *Novo millennio ineunte* [no começo do novo milênio], confirma e anima nossos objetivos pastorais:

É necessário fazer com que o único programa do Evangelho continue a penetrar, como sempre aconteceu, na história de cada realidade eclesial. É nas Igrejas locais que se podem estabelecer as linhas programáticas concretas — objetivos e métodos de trabalho, formação e valorização dos agentes, busca dos meios necessários — que permitam levar o anúncio de Cristo às pessoas, plasmar as comunidades, permear em profundidade a sociedade e a cultura através do testemunho dos valores evangélicos [...]. Espera-nos, portanto, uma apaixonante tarefa de renascimento pastoral. Uma obra que nos toca a todos (n. 29).

Com as bênçãos de Deus, e seguindo as orientações da Igreja, esta coleção certamente poderá ampliar e aprofundar novas perspectivas evangelizadoras em nosso continente.

ELZA HELENA ABREU
Coordenadora geral da Coleção LBT

Dados Internacionais de Catalogação na Publicação (CIP)
(Câmara Brasileira do Livro, SP, Brasil)

Matos, Henrique Cristiano José
      Eu estarei sempre convosco / Henrique Cristiano José
Matos. — São Paulo : Paulinas ; Valência, ESP : Siquem, 2006.
— (Coleção livros básicos de teologia; 13)

      Bibliografia.
      ISBN 85-356-1780-9 (Paulinas)
      ISBN 84-95385-73-2 (Siquem)

      1. Igreja – História I. Título. II. Série.

06-3482   CDD-270

Índice para catálogo sistemático:
      1. Igreja : História : Cristianismo   270

3ª edição – 2014

© Siquem Ediciones e Paulinas
© Autor: Henrique Cristiano José Matos

Com licença eclesiástica (5 de maio de 2006)

Coordenação-geral da coleção LBT: *Elza Helena Abreu*
Editora responsável: *Vera Ivanise Bombonatto*
Assistente de edição: *Cirano Dias Pelin*

Siquem Ediciones
C/ Avellanas, 11 bj. 46003 Valencia – Espanha
Tel.: (00xx34) 963 91 47 61
e-mail: siquemedicion@telefonica.net

Paulinas
Rua Dona Inácia Uchoa, 62
04110-020 — São Paulo — SP (Brasil)
Tel.: (11) 2125-3500
http://www.paulinas.org.br
editora@paulinas.com.br
Telemarketing e SAC: 0800-7010081
© Pia Sociedade Filhas de São Paulo — São Paulo, 2006

Para dom JOSÉ MAURO PEREIRA BASTOS, cp,
bispo diocesano de Janaúba,
no semi-árido do Norte de Minas Gerais,
que um dia foi meu aluno no curso de Teologia da PUCMinas;
hoje é meu mestre no pastoreio do Povo de Deus,
evangelizando, antes de tudo,
pelo próprio testemunho de vida.

INTRODUÇÃO

Escrever num único volume de um pouco mais de uma centena de páginas toda a história de dois mil anos de cristianismo é uma aventura arriscada e quase uma loucura. Impõe-se uma seleção dos fatos, e cortes são inevitáveis, o que pode agradar a uns e desagradar a outros. Assumimos a tarefa movidos unicamente por um grande amor à Igreja, esta entendida não, em primeiro lugar, como instituição eclesiástica, mas como Povo de Deus que caminha por estradas bem concretas, fazendo, assim, *sua história*. O próprio autor não se posiciona como um observador neutro, mas ele mesmo faz parte deste povo peregrinante, partilhando de suas esperanças e temores, de seus avanços e recuos. Assim, o relato desta caminhada de fé é algo que ultrapassa uma abordagem meramente "científica" de um profissional da área.

Ser-Igreja é fazer história! Já o povo da primeira aliança traçava, no tempo, seu itinerário, guiado por Javé. Jesus, o Messias anunciado e Filho de Deus encarnado, torna-se um ser histórico, caminhando conosco e apontando a direção do percurso. A Igreja peregrina dá continuidade à presença vivificante de seu Senhor, iluminando a estrada da história com a luz do Evangelho, Boa-Notícia de vida. Empenha-se simultaneamente, desde já, na construção do Reino, aguardando sua plenitude como dom gratuito de Deus.

Na elaboração deste subsídio, tivemos sempre em mente uma preocupação pedagógica e didática. Apresentamos um texto acessível a pessoas que normalmente não têm conhecimento específico da história em geral e, menos ainda, da história da Igreja. Por este motivo é que quisemos nos deter no essencial com a oferta de um relato fluido e intelegível na sua articulação interna. O fio condutor tem sido a pergunta de como o Povo de Deus se manteve fiel ou não à sua missão fundamental: anunciar o evangelho da Vida, principalmente pelo seu próprio ser. Temos nítida consciência das limitações destas páginas. Assim, por exemplo, quanto à periodização adotada que segue o esquema convencional, na realidade inadequada por várias razões, entre as quais seu enfoque europeizante. Conservamos a divisão tradicional em quatro períodos para não nos distanciarmos do referencial conhecido e tornado familiar nos anos escolares.

Escrever história tem algo a ver com a contemplação de uma vasta paisagem com sua grande variedade de ambientes. O que se encontra próximo de nós vemos com toda a sua nitidez e detalhes. À medida que os elementos se afastam de nossos olhos, enxergamos contornos cada vez menos particularizados. Corremos o risco de descrever, minuciosamente, o que está perto e de contentar-nos com generalidades em relação àquilo que apenas vislumbramos no longínquo horizonte. É a permanente tentação de um historiador e quase nunca ele escapa desta cilada totalmente. Também na presente publicação constata-se que o texto maior se refere à Idade Contemporânea, ou seja, aos últimos dois séculos, período fartamente documentado e de fácil acesso. Mais uma vez, são as limitações e defeitos que devem ser superados com leituras complementares sobre os diversos temas.

Que este passeio pela história — *nossa história* como cristãos — faça crescer em cada um de nós a alegria de pertencer, como membros consagrados e conscientes, ao Povo de Deus, dispostos a assumir, com nossas irmãs e nossos irmãos na fé, o anúncio do Reino, no hoje da história. Temos uma grande e consoladora certeza: não estamos sozinhos, é o Senhor que caminha conosco, todos os dias, até o fim dos tempos! (Mt 28,20).

Igarapé, Retiro Vicente de Paulo, 25 de janeiro de 2006,
festa da Conversão de São Paulo
e 47º aniversário do anúncio do Concílio Vaticano II por João XXIII
fráter HENRIQUE CRISTIANO JOSÉ MATOS, cmm

Esclarecimento

Nesta publicação, a referência às fontes é feita de forma global, para não sobrecarregar o texto com um aparato técnico pouco útil numa apresentação apenas iniciatória. Na bibliografia geral, faremos um comentário mais específico sobre as principais obras à disposição do leitor e daremos, igualmente, orientações a respeito de seu uso. Após cada um dos quatro capítulos, apresentaremos literatura mais diretamente relacionada com os temas do respectivo período histórico, preferencialmente em português e espanhol.

Capítulo primeiro

A IGREJA NA IDADE ANTIGA (C. 1-500)

1. REALIDADE HISTÓRICA DE JESUS

No centro do cristianismo está a fé no mistério da Santíssima Trindade. Por amor o Pai criou todas as coisas, fazendo do ser humano a coroação de sua obra. Dotado de razão e de liberdade, o ser humano tornou-se imagem e semelhança de Deus. Afastando-se desta sua condição original devido ao pecado, caiu em degradante escravidão, mas nunca perdeu sua aspiração a uma vida plena. Movido por misericórdia, o Pai não abandonou sua criatura. Estabeleceu com ele — e por extensão com todas as criaturas — uma aliança de vida que, pedagogicamente, ia realizando ao longo da história. Israel foi seu povo eleito, objeto específico desse pacto de amor. Quando chegou a plenitude dos tempos, o Pai enviou seu Filho como realizador definitivo da aliança, constituindo-o redentor da humanidade. Jesus Cristo, o Filho de Deus encarnado, restabeleceu o projeto original de vida, salvando o ser humano de tudo o que o impedia de ter pleno acesso à convivência divina. E pelo Espírito, enviado da parte do Pai e do Filho, após a morte e ressurreição de Jesus, a obra salvífica é garantida e continuada por aqueles e aquelas que, sob a ação desse mesmo Espírito, se tornaram discípulos e discípulas do Mestre Jesus e servidores de sua Boa-Notícia ou evangelho da Vida. Em palavras muito simples, está aqui o núcleo da fé cristã.

O anúncio de Jesus Cristo, como salvador e cumpridor das promessas divinas, constitui, de fato, a razão de ser da comunidade de fé que é a Igreja. Na experiência fundante do cristianismo, há uma profunda ligação entre o Cristo da fé e o Jesus da história. O próprio Deus se fez história e entrou de cheio na nossa realidade humana e terrestre. Jesus nasce como membro do povo da aliança, que está à espera do messias prometido. É judeu e participa da esperança, costumes e cultura de seu povo. Lentamente, cresce nele a consciência de ser o messias anunciado, o Filho predileto do Pai, investido de uma missão divina. Torna-se "o profeta do Reino", anunciando a salvação gratuita, oferecida a todos os que nele crêem, mas igualmente denunciando os mecanismos que se opõem a essa mensagem de vida plena. Do seu próprio povo relativamente poucos o aceitam como messias. Em torno de si, reúne um grupo de discípulos que, progressivamente, será introduzido nos mistérios do Reino, aprendendo com o Mestre, antes de tudo pela convivência. Temos, aqui, o início da comunidade que será, depois, a Igreja de Cristo.

Jesus mesmo não se preocupou em fundar uma instituição religiosa, mas sim em desencadear um movimento de anúncio e implantação do Reino, uma realidade salvífica, a expressão histórica do amor divino, corporificada nos grandes valores de paz, justiça, fraternidade e solidariedade, enfim, vida cabal para todos os seres.

Os doze — número simbólico que recorda as doze tribos do povo da primeira aliança —, que constituem o discipulado originário de Jesus, têm como missão dar continuidade à obra do Mestre. Sob a ação do Espírito Santo, por ocasião de Pentecostes (a antiga festa judaica que celebrava a renovação da aliança no monte Sinai), os discípulos começam a noticiar, publicamente, que "a este Jesus, Deus o ressuscitou, e disto nós todos somos testemunhas" (At 2,32). O testemunho ocular — os "ditos e fatos" do Nazareno —, ou seja, a profunda experiência de fé em Cristo Jesus, é o ponto de partida da missão evangelizadora do cristianismo.

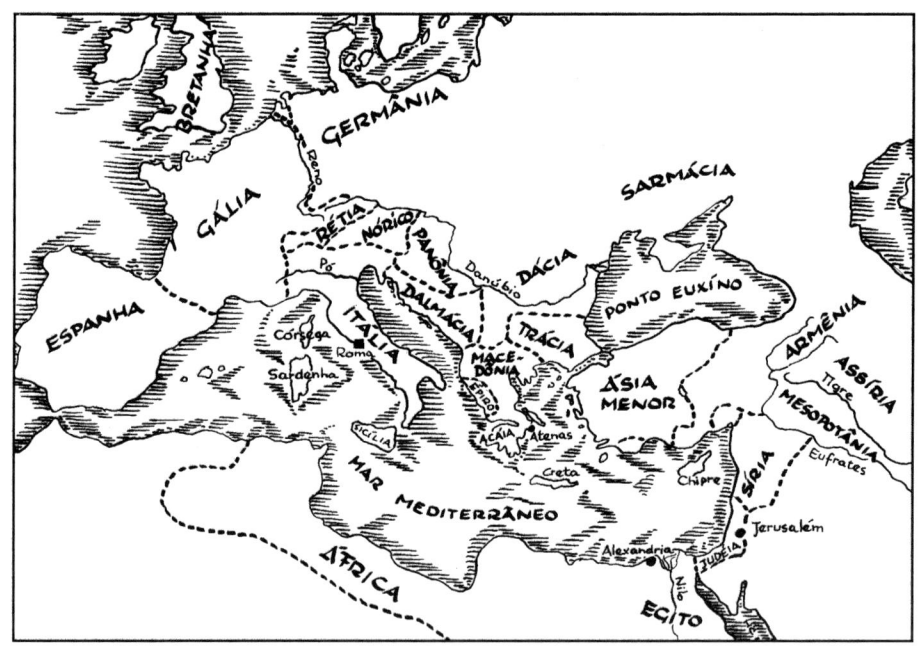

O Império Romano no tempo de Augusto (30 a.C.-14 d.C.)

2. PRIMEIRAS COMUNIDADES CRISTÃS

O convite ao seguimento de Jesus dirige-se à pessoa singular, convocando a uma radical mudança de vida ou conversão. Entretanto, o ser discípulo(a) não se esgota na subjetividade pessoal, mas inclui, necessariamente, a integração, na comunidade, "daqueles que crêem". Ser cristão é, antes de tudo, pertencer, como membro vivo, ao Povo de Deus. Desde as origens, fica claro que não se pode ser cristão isoladamente. O cristianismo constitui, em essência, um fenômeno religioso comunitário. Isso fica evidente na preocupação dos primeiros discípulos de Jesus em fundar comunidades, tanto entre os judeus — seja na Palestina, seja na diáspora (literalmente: "dispersão", isto é, grupos de judeus que viviam fora da terra natal) — como entre os pagãos (os "gentios"). A missionariedade é uma característica fundamental da Igreja dos primórdios: Cristo deve ser anunciado e seu reino, implantado! Não demora muito para serem rompidos os limites do judaísmo palestinense e, a partir da destruição do templo de Jerusalém (ano 70), os cristãos começam a espalhar-se de modo rápido pelo mundo então conhecido. O próprio Império Romano, ao qual pertencia, política e administrativamente, o território de Israel, oferecia uma favorável infra-estrutura para a evangelização, como mostram os meios de transporte, língua e organização. O cristianismo tem sua expansão inicial principalmente nas cidades do Império. Paulo de Tarso tornar-se-á o apóstolo por excelência no mundo greco-romano. Dirige-se, primeiro, às comunidades judaicas, dispersas nas regiões dos gentios ("diásporas"). Terá acolhida não tanto entre os judeus ortodoxos, mas no meio dos prosélitos (pagãos que aderiram ao judaísmo) e, sobretudo, entre os "tementes a Deus" (simpatizantes do monoteísmo judaico e admiradores de seu elevado código moral). Por toda parte, Paulo e seus companheiros — entre os quais encontramos Barnabé e Silas, ambos provenientes do importante centro missionário de Antioquia, na Síria — criam comunidades cristãs com suas respectivas lideranças. É para esses agrupamentos de discípulos que Paulo dirige suas cartas apostólicas a fim de animá-los e confirmá-los na fé. Os diversos serviços nas comunidades cristãs são normalmente exercidos pelos próprios membros, entre os quais encontramos, de forma natural, mulheres. Conhecidas são as "igrejas domésticas", reuniões de culto e de oração na casa de um cristão hospedeiro, cuja habitação oferecia condições para isso. O centro da vida cristã é a celebração eucarística em memória do Senhor morto e ressuscitado, que, já na época, consta de "duas mesas": a da Palavra e a do pão. Essa celebração pode ser precedida ou seguida por uma confraternização, o ágape, quando são compartilhados os alimentos trazidos de casa.

3. FORMULAÇÃO DA FÉ

Com o desaparecimento das primeiras testemunhas oculares, surge a premente necessidade de preservar os relatos autênticos sobre Jesus de Nazaré. Também o surgimento de interpretações subjetivas acerca da pessoa de Jesus e sua mensagem exige maior esclarecimento quanto às fontes da fé. Lentamente, formar-se-ão os escritos que compõem o que se costuma chamar "Novo Testamento", sendo os evangelhos seu núcleo principal. Em 367, Atanásio, bispo de Alexandria no Egito, oferece, numa carta pascal, a lista ou cânon de 27 escritos "divinamente inspirados": cinco livros "históricos" (quatro evangelhos e os Atos dos Apóstolos), 21 cartas apostólicas, das quais 14 atribuídas a Paulo, e um livro "profético" (o Apocalipse de são João).

QUADRO 1: HERESIAS E CISMAS NOS TRÊS PRIMEIROS SÉCULOS

	Denominações e áreas de expansão	Breve descrição
1	**Docetismo** (sécs. I e II) Ásia Menor, Egito.	O corpo de Cristo é apenas um corpo aparente
2	**Gnosticismo** Principal representante: Marcião (85-160) de Sínope, no Ponto (sul do Mar Negro ou Ponto Exíguo). Por volta de 144 surge uma igreja marcionita separada. Palestina, Síria, Itália, Ásia Menor, Egito.	Há dois princípios originários (dualismo): o bem (o Deus bom, o Espírito) e o mal (demiurgo, matéria, mundo). O corpo de Cristo é apenas aparente. Rejeição de todo o Antigo e parte do Novo Testamento. Gnose (em oposição a *pistis* = fé) como conhecimento "superior" de Deus, privilégio dos *perfeitos* (gnósticos ou pneumáticos).
3	**Montanismo** Fundador: Montano da Frígia. Adesão de Tertuliano (160-220), na África do Norte. Frígia (Ásia Menor), Itália, Gália, África Setentrional.	Rigor ascético e fanatismo. Não há perdão para *pecados capitais:* homicídio, fornicação, adultério, apostasia. Proibição de segundas núpcias. Proximidade do fim do mundo. Severas práticas de jejum.
4	**Monarquismo** Representantes: Sabélio (+c. 260) e Paulo de Samósata (+c. 272). Roma, Ásia Menor. Teódoto, "o Curtidor" (de Bizâncio), é excomungado por volta de 190. Roma.	Desaparece a distinção entre as pessoas da Santíssima Trindade. Só o Pai é verdadeiramente Deus. Jesus está investido de um poder divino extraordinário (*dynamis*). Pai, Filho e Espírito Santo são três modalidades de um único Deus. Jesus é apenas "Filho adotivo" de Deus-Pai (*adocionismo*).
5	**Controvérsia sobre o batismo de hereges**, 255-257 Conflito entre o bispo de Roma, Estêvão I (254-257) e Cipriano, bispo de Cartago (+c. 258). Roma, Cartago.	A questão: é válido ou não o batismo ministrado por um herege? O Papa se pronunciou em sentido positivo.
6	**Primeiro cisma papal** Roma.	Contra os bispos de Roma, Calisto I (217-222) e Cornélio (251-253), os antibispos, Hipólito (217-235) e Novaciano (251-258) ergueram uma igreja paralela dissidente.

Desde os primeiros tempos do cristianismo, houve leituras particularizadas sobre determinadas "verdades da fé". É normal, e em si positivo, que se procure conhecer mais a fundo os mistérios divinos relativos a nossa salvação. Mas quando alguém se deixa conduzir obstinadamente pelo seu próprio ponto de vista e seleciona quase arbitrariamente alguns pontos da doutrina, absolutizando-os, surge o que chamamos de "heresia". Tal distanciar-se da comunidade cristã, quanto à interpretação da doutrina ou da compreensão da Escritura, facilmente conduz a erros doutrinários que ameaçam a integridade da fé cristã (o *depositum fidei*).

Entre as heresias mais conhecidas na Antigüidade cristã, citamos as que dizem respeito à compreensão do mistério da Santíssima Trindade.

Grande divulgação tiveram as idéias de Ário (280-336), presbítero de Alexandria no Egito. Sustentava que Jesus não era propriamente Filho de Deus, mas um ser humano como nós, embora sublime e excepcionalmente perfeito. O imperador Constantino I, temendo pela unidade política do reino, convocou um Concílio (assembléia geral de bispos), em Nicéia (325). Atanásio, logo depois bispo de Alexandria, defendeu com ardor a igualdade substancial entre Cristo e Deus-Pai. A definição dogmática da divindade de Jesus Cristo é, sem dúvida, o patrimônio religioso comum de católicos, ortodoxos e protestantes.

Se o arianismo tinha negado a divindade de Cristo, a heresia de Macedônio († antes de 364), bispo de Constantinopla, colocou em dúvida o ser Deus do Espírito Santo. Teodósio I (379-395) promoveu o Concílio de Constantinopla (381), no qual os bispos defenderam a divindade da terceira Pessoa da Trindade. É nessa ocasião que é formulado o símbolo niceno-constantinopolitano, o "credo", ou solene confissão de fé, ainda em uso na liturgia da Igreja.

Em 431, houve o Concílio de Éfeso, convocado pelo imperador Teodósio II (408-450), quando foi condenado Nestório († aprox. 450), que questionava a maternidade divina de Maria, afirmando que ela só tinha gerado a parte

QUADRO 2: OS QUATRO CONCÍLIOS IMPERIAIS

Data e localização		Papa	Conteúdo central
325	Nicéia	Silvestre I (314-335)	O Filho de Deus é da mesma natureza do Pai; *consubstancialis Patri* (contra Ário).
381	Constantinopla	Dâmaso I (366-384)	A divindade do Espírito Santo (contra Macedônio).
431	Éfeso	Celestino I (422-432)	Maria, Mãe de Deus (contra Nestório).
451	Calcedônia	Leão I (440-461)	Duas naturezas na única Pessoa divina de Jesus Cristo (contra o monofisismo).

humana de Cristo. Cirilo de Alexandria († 444) tomou a defesa do título "Mãe de Deus" e o Concílio decretou, solenemente, que Maria é, de fato, Mãe do Filho divino encarnado e, portanto, verdadeiramente Mãe de Deus.

No Concílio de Calcedônia (451) veio, de novo, à tona a temática sobre Cristo, agora no que diz respeito às duas naturezas numa única Pessoa divina. Êutiques, arquimandrita (abade) de Constantinopla, defendeu o mo- nofisismo, isto é, no Filho encarnado há uma só natureza, sendo a humana, por assim dizer, absorvida pela divina. O Concílio proclamou que Jesus é "um único e mesmo Filho [...] completo em sua divindade e completo em sua humanidade [...] existindo em duas naturezas, que são, a um só tempo, inconfundíveis e inalteradas (contra Êutiques) e, por outro lado, indivisas e inseparáveis (contra Nestório)". Assim, em Cristo Jesus, Deus está conosco na inteireza de seu ser humano e, portanto, igual a nós, "menos no pecado".

Muitas outras heresias e interpretações desviantes vieram perturbar a vida cristã dos primeiros séculos, como o gnosticismo, que atribuía valor salvífico a um conhecimento superior ("gnose") dos mistérios divinos. Está próximo de um movimento fortemente dualista e espiritualizante, o dos ma- niqueus, que cultivava o desprezo pelo mundo e pela matéria, sendo esta última considerada a origem do mal.

Nessas controvérsias doutrinárias destacam-se eminentes pastores e teólogos. No Oriente: Atanásio († 373); Basílio, o Grande († 379); Gregó- rio Nazianzeno († 390) e João Crisóstomo († 407). No Ocidente: Ambrósio († 397); Agostinho de Hipona († 430); Jerônimo († 419) e Gregório Magno († 604). Na qualidade de "Padres da Igreja", terão fecunda e decisiva in- fluência sobre o pensamento e a vida cristã ao longo dos séculos. Quase todos foram monges antes de assumirem um cargo pastoral na Igreja (com exceção de Jerônimo, todos também eram bispos). Unem, em maravilhosa síntese, a pregação ao estudo, e a atividade pastoral à espiritualidade.

4. FECUNDIDADE CRISTÃ DOS MÁRTIRES

Nos primeiros tempos, o cristianismo era visto pelas autoridades roma- nas como uma subdivisão do judaísmo, sendo este uma "religião permitida" no Império. Em geral, os romanos demonstravam bastante tolerância em relação às diversas religiões nacionais dos povos vencidos, sob a condição de não afetarem a coesão do reino. Prova dessa política é o panteão em Roma, templo onde se encontravam, lado a lado, as imagens das diversas divindades das populações subjugadas.

A par do caso isolado da perseguição promovida por Nero (ano 64), que acusara os cristãos de serem os autores de um incêndio que atingiu a capital do Império (provocado, aliás, pelo próprio Imperador), a legislação romana, nos primeiros tempos, não alimentava nenhuma hostilidade para com os seguidores de Jesus. Temos um impressionante testemunho disso na correspondência do jovem governador Plínio, da Bitínia (Ásia Menor), ao imperador Trajano (ano 112).

A oposição aos cristãos não parte, inicialmente, do Estado romano, mas de calúnias e delações de populares e também de intelectuais. Conhecido é o caso do filósofo pagão Celso, que ridiculariza como absurda a encarnação de uma divindade e denuncia a suposta alienação política e cultural dos cristãos.

Quando se acentua a crise política do Império, as autoridades tentam restaurar a religião politeísta tradicional como elemento de unificação do reino. Vêem no cristianismo, que está crescendo em número e influência, um corpo estranho no conjunto do Estado e decidem enfraquecê-lo. Assim, iniciam-se as campanhas oficiais contra os adeptos do Nazareno. O imperador Décio (249-251) ordena que todos os cidadãos manifestem sua adesão à religião tradicional mediante um sacrifício aos ídolos. Aqueles que concordam recebem um certificado, os outros são perseguidos. Abre-se um dilema para a consciência cristã. Muitos são os mártires, ou seja, testemunhas de fé, que não hesitam em sacrificar a própria vida para manter sua fidelidade a Cristo. Com Diocleciano (284-305) as perseguições entram numa fase crítica. O decreto de 303 visava, de fato, à destruição da organização eclesial e de suas lideranças. A religião cristã é declarada "ilícita" e seus membros, considerados traidores da pátria, que devem ser privados de seus direitos civis.

O valor espiritual do martírio é perene. Vê-se no mártir um perfeito imitador de Cristo, que, na sua própria vida, reproduz fielmente o mistério da morte e ressurreição do Senhor. A carta de um dos mais ilustres mártires da Antigüidade, Inácio de Antioquia († 107), é altamente significativa neste sentido. Ele fala de seu "verdadeiro nascimento", quando será, de verdade, "autêntico discípulo", isto é, adulto em Cristo (Carta aos Romanos). Entendemos, assim, as palavras de Clemente de Alexandria († antes de 215): "Chamamos o martírio de perfeição não porque é o fim da vida de um ser humano, mas pelo fato de manifestar a perfeição da caridade". E uma vez que a caridade sempre produz frutos de santidade, o "sangue dos mártires" é, verdadeiramente, "semente de novos cristãos" (Tertuliano, † depois de 220).

As perseguições nos primórdios do cristianismo mostram a vitalidade da Igreja e sua coerência na vivência do Evangelho. Não se trata tanto de um heroísmo individual, mas de um qualificado testemunho evangélico das comunidades cristãs como tais. Logicamente, houve, também, aqueles que cederam diante das ameaças (os *lapsi*). Aliás, sua readmissão na comunidade eclesial provocará não poucas tensões e contribuirá para o desenvolvimento da prática penitencial (o sacramento da reconciliação).

As catacumbas de Roma são lembranças eloqüentes desse período de uma Igreja viva e testemunhal. Originalmente, são cemitérios subterrâneos onde se sepultavam os cristãos e, ocasionalmente, serviam, também, como lugares de refúgio ou de celebrações litúrgicas.

Os mártires são os primeiros santos da Igreja, assim oficialmente reconhecidos e aceitos. Em torno deles se desenvolve, ainda, a devoção popular das relíquias, enquanto a literatura sobre seus sofrimentos e morte tornar-se-á forte estímulo para um comprometimento cristão mais radical.

5. OFICIALIZAÇÃO DO CRISTIANISMO

Nunca é demais dizê-lo: a Igreja Antiga é, antes de tudo, uma rede de comunidades que mantém entre si laços de fraternidade, de comunicação, de fortalecimento da fé e ajuda mútua. O seu ideal evangélico é descrito no livro dos Atos dos Apóstolos, tendo como ponto de partida a comunidade-mãe de Jerusalém. Salientam-se a comunhão entre os membros e o testemunho de vida.

Mostravam-se assíduos ao ensinamento dos apóstolos, à comunhão fraterna, à fração do pão e às orações. [...] Todos os que tinham abraçado a fé reuniam-se e punham tudo em comum: vendiam suas propriedades e bens, e dividiam-nos entre todos, segundo a necessidade de cada um (At 2,42.44).

As comunidades são organizadas e conhecem diversos serviços ou ministérios. O modelo colegial dessas lideranças é prática comum, embora não exclusivo. Novos ministérios são criados quando a necessidade pastoral o exige, como no caso "dos sete" (At 6,1-5). No decorrer dos anos, desenvolve-se um tríplice "ministério ordenado", já atestado nas cartas de santo Inácio de Antioquia: bispo, presbítero e diácono. O *status* social desses servidores é muito simples e transparente, inteiramente voltado para a edificação da comunidade local. Ter um cargo ou uma função na Igreja significava, naqueles tempos, estar disposto a servir! E a própria comunidade estava diretamente envolvida na escolha de seus ministros, assumindo, igualmente, seu sustento material.

Os sacramentos em destaque são o batismo e a eucaristia. A preparação do batismo é longa e consta de várias etapas. O rito realiza-se, preferencialmente, na vigília pascal. A eucaristia constitui o coração da comunidade. Começa com uma leitura bíblica, seguida de uma homilia, preces comunitárias e a oferta de pão e de vinho. A celebração continua com um longo agradecimento e termina com a distribuição do pão e do vinho consagrados. Há grande liberdade de expressão, embora a estrutura básica seja a mesma da missa de hoje. Com naturalidade, os fiéis levam para casa partículas consagradas, destinadas a doentes ou irmãos impedidos de participar da celebração comunitária. Impressiona-nos a ação caritativa das comunidades cristãs dos primeiros séculos, principalmente em relação aos pobres.

Quando Constantino, o Grande, obtém a vitória sobre seu adversário Maxêncio, na ponte Mílvia, em Roma (312), ele atribui seu sucesso a uma intervenção miraculosa do Deus dos cristãos. A partir de então, muda radicalmente a política romana em relação à Igreja de Cristo. Com o Edito de Milão (313) é dada liberdade religiosa a todos os cidadãos do Império. O cristianismo passa a ser uma "religião lícita". São devolvidos à Igreja os bens anteriormente confiscados. Crescentes favores são concedidos por Constantino à comunidade cristã, logicamente não sem interesses pessoais e políticos. Na realidade, a Igreja é atrelada ao poder estatal e isso trará enormes conseqüências para o futuro. O cristianismo torna-se uma "Igreja imperial", com constantes intromissões do poder público em sua vida interna, como mostram as convocações dos primeiros concílios ecumênicos pelo imperador.

No reinado de Teodósio I (379-395), o cristianismo é declarado "religião de Estado". Sela-se uma aliança entre os dois poderes que terá uma vigência de aproximadamente quinze séculos, fenômeno conhecido na história como regime de cristandade.

Com o apoio do Estado, a Igreja institucionaliza-se cada vez mais e marca a sua presença até nos recantos mais afastados do Império. Conhecido evangelizador da população interiorana ("pagão" = *paganus*, povo do campo) é são Martinho de Tours, que atua na região da Gália (atual França) e será o primeiro santo não-mártir.

A incorporação do cristianismo no Estado romano significou uma transformação radical para a Igreja. De perseguida ela se torna privilegiada e possuidora de muitos bens patrimoniais. Seus ministros começam a ser equiparados a dignitários do Império e assumem seus símbolos de poder. O perigo de acomodação social e de contaminação com o poder (que sempre corrompe!) estão longe de ser imaginários. É nesse contexto que o exemplo dos mártires — exímias testemunhas da radicalidade evangélica — é revivido por cristãos que, voluntariamente, se retiram de uma sociedade vista como corruptora e longe do ideal evangélico. São os monges e também — embora em menor escala, devido a condicionamentos culturais da época — as monjas. Homens e mulheres que se consagram, na solidão, ao serviço de Deus, ao "único necessário". Mas no "ermo" (lugar desértico) não vivem totalmente isolados. Esses eremitas (ermitães) ou anacoretas são procurados por muitos que querem levar uma vida cristã mais comprometida. Tornam-se, assim, verdadeiros pólos de intensa revitalização evangélica. Fecundam a Igreja a partir de seu testemunho e não hesitam em deixar a solidão quando são chamados para prestar serviços à comunidade eclesial, por exemplo, para defender a fé contra a infiltração de heresia. Temos, aqui, as origens da *vida religiosa consagrada* que se desenvolverá na Igreja — por meio de formas variadas — ao longo dos séculos. Alguns elementos dessa modalidade específica de vida cristã são comuns e constitutivos: a busca incessante de

Deus; a dimensão comunitária e eclesial da consagração; o empenho apostólico com missão evangélica específica.

Na origem do monacato (*monos* = sozinho) — manifestação originária da *vida religiosa institucional* — estão as figuras ímpares de santo Antão († 356), cuja vida é descrita por santo Atanásio por volta de 360, e são Pacômio († 346), que desenvolve o estilo cenobítico (vida em comunidade) dos anacoretas (do grego *anakorein* = retirar-se), no alto Egito. Serão são Basílio Magno († 379), no Oriente, e são Bento de Núrsia († 547), no Ocidente, que — com suas respectivas regras monásticas — organizarão a vida dos monges, dando-lhe maior coerência e vigor espiritual.

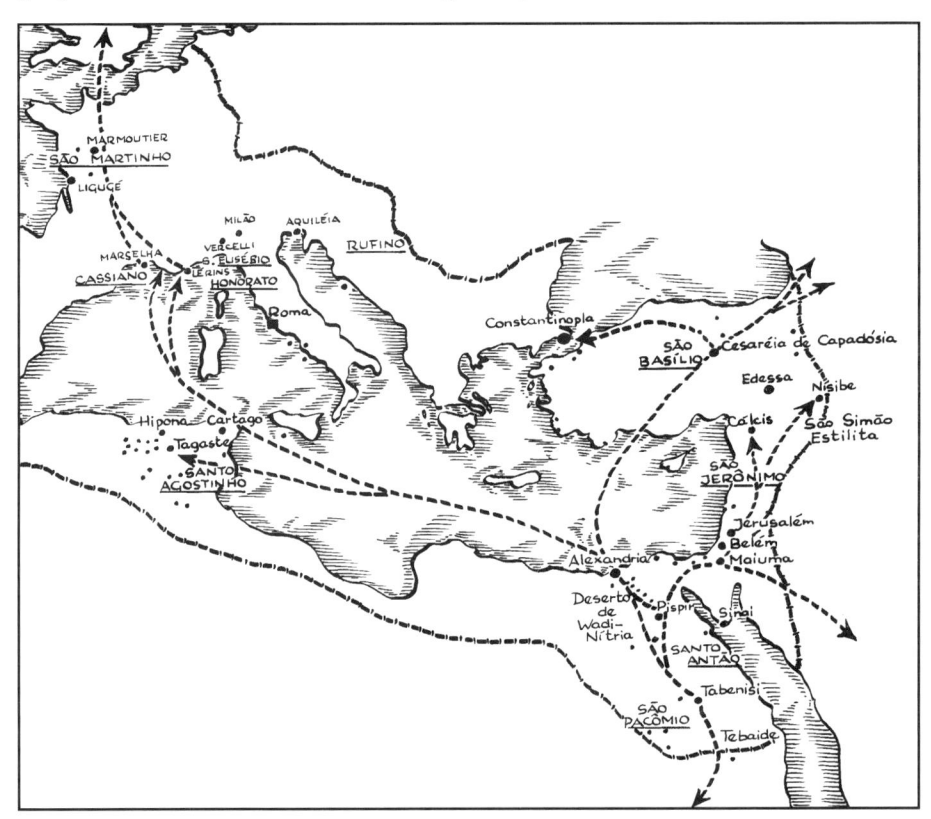

A expansão do monaquismo

A *vida religiosa consagrada* desdobrar-se-á, no decurso da história, em uma multiplicidade de manifestações: vida monástica, vida contemplativa, vida apostólica. Sempre traz dentro de si um potencial de não-conformismo, de aspiração à radicalidade evangélica; de profetismo, e, por que não dizê-lo, de rebelião contra o comodismo e a mediocridade. Daí que (nos seus melhores momentos), sempre de novo, questiona estruturas e modelos, os quais tendem a diminuir o vigor evangélico. Embora leiga nos seus primórdios, a *vida religiosa* também se estenderá a clérigos. Mas, no fundo, sente-se mais próxima dos leigos, da base da Igreja, do que da hierarquia. É no cotidiano do povo cristão que procura testemunhar que só Deus e seu Reino podem encher de sentido definitivo a existência humana.

DOCUMENTO
DA *CARTA A DIOGNETO*

Introdução

Este escrito anônimo data, provavelmente, da segunda metade do século II. É dedicado a um personagem ilustre do paganismo, Diogneto. Contém uma bela apologia do cristianismo em linguagem simples e envolvente. Citamos alguns trechos dos capítulos V e VI, que descrevem a vida dos cristãos na sociedade. Profundamente inseridos na cidade terrena, os(as) discípulos(as) de Cristo são, no entanto, como peregrinos que aqui "não têm cidade permanente" (Hb 13,14). Andam no meio dos seres humanos, apontando para a verdadeira pátria. Mostram-se solidários com todos e assumem seu papel na construção do mundo. Vivem concretamente o dinamismo do "já" e do "ainda não", inerente a uma vida segundo o Evangelho.

Com facilidade, percebe-se a atualidade deste texto, cujo teor ressoa na constituição pastoral *Gaudium et spes* (1965), do Concílio Vaticano II, sobre a presença da Igreja no mundo de hoje.

Texto

Não se distinguem os cristãos dos demais, nem pela região, nem pela língua, nem pelos costumes. Não habitam cidades à parte, não empregam idioma diverso dos outros, não levam gênero de vida extraordinário. A doutrina que se propõem não foi excogitada solicitamente por homens curiosos. Não seguem opinião humana alguma, como vários fazem.

Moram alguns em cidades gregas, outros em bárbaras, conforme a sorte de cada um; seguem os costumes locais relativamente ao vestuário, à alimentação e ao restante estilo de viver, apresentando um estado de vida (político) admirável e sem dúvida paradoxal. Moram na própria pátria, mas como peregrinos. Enquanto cidadãos, de tudo participam, porém tudo suportam como estrangeiros. Toda terra estranha é pátria para eles e toda pátria, terra estranha. Casam-se como todos os homens e como todos procriam, mas não rejeitam os filhos. A mesa é comum; não o leito. Estão na carne, mas não vivem segundo a carne. Se a vida deles decorre na terra, a cidadania, contudo, está nos céus. Obedecem às leis estabelecidas, todavia superam-nas pela vida. Amam a todos, e por todos são perseguidos. Desconhecidos, são condenados. São mortos e com isso se vivificam. Pobres, enriquecem a muitos. Tudo lhes falta, e têm abundância de tudo. Tratados sem honras, e nestas desonras são glorificados. São amaldiçoados, mas justificados. Amaldiçoados, e bendizem. Injuriados, tributam honras. Fazem o bem e são castigados quais malfeitores. Supliciados, alegram-se como se obtivessem vida. Hostilizam-nos os judeus quais estrangeiros; perseguem-nos os gregos, e, contudo, os que os odeiam não sabem dizer a causa desta inimizade.

Para simplificar, o que é a alma no corpo, são no mundo os cristãos. Encontra-se a alma em todos os membros do corpo, e os cristãos dispersam-se por todas as cidades do mundo. A alma, é verdade, habita no corpo, mas dele não provém. Os cristãos residem no mundo, mas não são do mundo. Invisível, a alma é cercada pelo corpo visível. Igualmente os cristãos, embora se saiba que estão no mundo, o seu culto a Deus permanece invisível. A carne odeia a alma e a combate sem haver sofrido injustiça, porque a impede de gozar dos prazeres; também o mundo odeia os cristãos, sem ter sofrido ofensa, por se oporem aos prazeres. A alma ama a carne que a odeia e os membros; assim os cristãos amam os que os detestam.

Encerrada no corpo, a alma é que faz a coesão do corpo. Os cristãos, igualmente, estão de certo modo aprisionados no mundo, como num cárcere, mas são eles que sustêm o cosmo. Imortal embora, a alma reside numa tenda mortal. De maneira semelhante, os cristãos abrigam-se, provisoriamente, em refúgios corruptíveis, à espera da incorrupção nos céus.

A alma, mal cuidada relativamente à comida e à bebida, aperfeiçoase. Os cristãos também, cotidianamente supliciados, aumentam cada vez mais. Deus os colocou em tão elevado posto, que não lhes é lícito recusar.

FONTE: *A carta a Diogneto*. 2. ed. Petrópolis, Vozes, 2003. pp. 23-25.

Resumindo

- *Jesus histórico e o Cristo da fé*
  - Jesus Cristo: termo da aliança divina e expressão cabal do amor trinitário
  - O anúncio do Reino: vida plena para todos
  - A formação do discipulado: testemunhar o que "vimos e ouvimos"
- *A Igreja como rede de comunidades*
  - A pertença ao Povo de Deus na qualidade de membros conscientes e co-responsáveis
  - A dimensão missionária da comunidade cristã e a figura de Paulo de Tarso
  - As igrejas domésticas
- *Conteúdo essencial da fé*
  - As fontes da fé cristã
  - Interpretações unilaterais das verdades da fé: heresias

- Os primeiros concílios gerais: surge a profissão de fé
- Os Padres da Igreja e a defesa do patrimônio doutrinal
- *Martírio: a perfeição da vida cristã*
  - Causas das perseguições dos cristãos
  - O valor espiritual do mártir como testemunha da fé
  - A realidade do martírio e a vitalidade da vida cristã
- *Cristianismo incorporado no Estado romano*
  - Comunidades interligadas pela fé e pela partilha
  - Os serviços eclesiais (ministérios) e a vida sacramental
  - A política de Constantino Magno: o surgimento da Igreja imperial
  - A institucionalização da Igreja e sua aproximação do poder
  - O aparecimento do monacato

Aprofundando

A redação deste primeiro capítulo oferece uma leitura fácil. Atrás da simplicidade das palavras está, porém, um rico conteúdo. Podemos comparar este texto com um aperitivo: abre o apetite e o gosto por alimentação mais sólida. Não devemos esquecer que temos, aqui, apenas uma iniciação básica à história da Igreja no período antigo. É necessário completá-la com outras leituras de maior fôlego. Na bibliografia específica, há material abundante nesse sentido.

Perguntas para reflexão e partilha

1) Que nos cativa particularmente nos três primeiros séculos do cristianismo? Qual a razão?

2) Qual modelo de Igreja (modo de manifestar-se na história) predomina na Idade Antiga e qual o seu significado para a compreensão da Igreja hoje?

3) No cristianismo dos primórdios, a vivência da fé tem uma acentuada dimensão eclesial e testemunhal. Mostre isso com fatos históricos.

4) A categoria de *poder* — no sentido sociopolítico e econômico — sempre constitui uma ameaça para a autenticidade evangélica. Quais fatos corroboram tal afirmação na Igreja antiga?

5) Leia, meditando e saboreando, o trecho da *Carta a Diogneto*. Qual imagem emerge da descrição da vida cristã nos inícios da Igreja?

Bibliografia

BROX, N. *Historia de la Iglesia primitiva*. Barcelona, Herder, 1986. 263 p. Biblioteca de Teologia, 8.

COTHENET, E. *São Paulo e seu tempo*. São Paulo, Paulus, 1985. 110 p. Cadernos Bíblicos, 26.

DRANE, J. *Paulo:* um documento ilustrado sobre a vida e os escritos de uma figura-chave dos primórdios do cristianismo. São Paulo, Paulus, 1982. 130 p.

DROBNER, H. R. *Manual de patrologia*. Petrópolis, Vozes, 2003. 653 p.

ESTRADA, J. A. *Para compreender como surgiu a Igreja*. São Paulo, Paulinas, 2005. 572 p. "Ecclesia" XXI.

FABRIS, R. & GOZZINI, V. *A mulher na Igreja primitiva*. São Paulo, Paulus, 1986. 211 p. Missão mulher, 3.

FAIVRE, A. *Os leigos nas origens da Igreja*. Petrópolis, Vozes, 1992. 247 p.

FILORAMO, G. & RODA, S. *Cristianismo e sociedade antiga.* São Paulo, Paulus, 1997. 288 p. Sociologia e religião.

FOLCH GOMES, C. *Antologia dos santos padres:* páginas seletas dos antigos escritores eclesiásticos. 4. ed. rev. São Paulo, Paulus, 1979. 457 p. Patrologia.

FRANGIOTTI, R. *História das heresias (séculos I – VII):* conflitos ideológicos dentro do cristianismo. São Paulo, Paulus, 1995. 164 p.

GUIGNEBERT, C. *El cristianismo antiguo*. México, Fondo de Cultura Económica, 1983 [tercera reimpresión en español]. 206 p. Breviarios, 114.

HAMMAN, A.-G. *A vida cotidiana dos primeiros cristãos (95-197)*. São Paulo, Paulus, 1997. 245 p. Patrologia.

HARMMAN, A. *Os padres da Igreja*. São Paulo, Paulus, 1980. 290 p.

HOORNAERT, E. *A memória do povo cristão:* uma história da Igreja nos três primeiros séculos. Petrópolis, Vozes, 1986. 263 p. Teologia e Libertação, t. III, série I: experiência de Deus na justiça.

LESBAUPIN, I. *A bem-aventurança da perseguição:* a vida dos cristãos no Império Romano. Petrópolis, Vozes, 1975. 101 p.

LIÉBAERT, J. & SPANNEUT, M. *Os padres da Igreja*. São Paulo, Loyola, 2000-2002. v. I: séculos I-IV, 190 p.; v. II: séculos IV-VIII, 367 p.

MARKUS, R. A. *O fim do cristianismo antigo*. São Paulo, Paulus, 1997. 242 p.

MAROTO, D. de P. *Comunidades cristianas primitivas:* vivencias espirituales. Madrid, Editorial de Espiritualidad, 1974. 313 p. Logos, 16.

MATOS, H. C. J. *Caminhando pela história da Igreja:* uma orientação para iniciantes. Belo Horizonte, O Lutador, 1995. v. 1.

_____. *Introdução à história da Igreja*. 5. ed. Belo Horizonte, O Lutador, 1997. v. 1.

MEEKS, W. A. *Os primeiros cristãos urbanos:* o mundo social do apóstolo Paulo. São Paulo, Paulus, 1992. 325 p. Bíblia e Sociologia.

MONDINI, D. *História da Igreja na antigüidade.* São Paulo, Loyola, 2001. 172 p. CES, 7.

MORIN, É. *Jesus e as estruturas de seu tempo.* São Paulo, Paulus, 1981. 155 p. Biblioteca de Estudos Bíblicos, 14.

PIERINI, F. *A idade antiga.* São Paulo, Paulus, 1998. 249 p. Curso de História da Igreja, 1.

SAULNIER, C. & ROLLANS, B. *A Palestina no tempo de Jesus.* 2. ed. São Paulo, Paulus, 1986. 95 p. Cadernos Bíblicos, 27.

STEGEMANN, E. W. & STEGEMANN, W. *História social do protocristianismo:* os primórdios no judaísmo e as comunidades de Cristo no mundo mediterrâneo. São Leopoldo–São Paulo, Sinodal–Paulus, 2004. 596 p.

TONUCCI, P. M. *História do cristianismo primitivo:* uma visão a partir do povo. Versão adaptada do livro *Memória do povo cristão*, de Eduardo Hoornaert. Petrópolis, Vozes, 1987. 77 p.

WENGST, K. *Pax romana:* pretensão e realidade. Experiências e percepções da paz em Jesus e no cristianismo primitivo. São Paulo, Paulus, 1991. 224 p. Bíblia e Sociologia, 7.

Capítulo segundo

A IGREJA NA IDADE MÉDIA (C. 500-1500)

1. MOVIMENTOS MISSIONÁRIOS

Em fins do século IV, povos conhecidos na história como "bárbaros" invadem o Império Romano, ameaçando seriamente sua estrutura social e estabilidade política. Vários deles adotaram o cristianismo na sua versão ariana, tais como os visigodos, os ostrogodos e os vândalos. O lento declínio do antes poderoso Império Romano coloca diante da Igreja uma grande tarefa: evangelizar povos emergentes e, se possível, integrá-los numa nova unidade sociopolítica e cultural. Símbolo desse desafio é o papa Leão I, o Grande (440-461), que, em 452, foi ao encontro de Átila, rei dos Hunos, salvando, assim, Roma de uma iminente destruição.

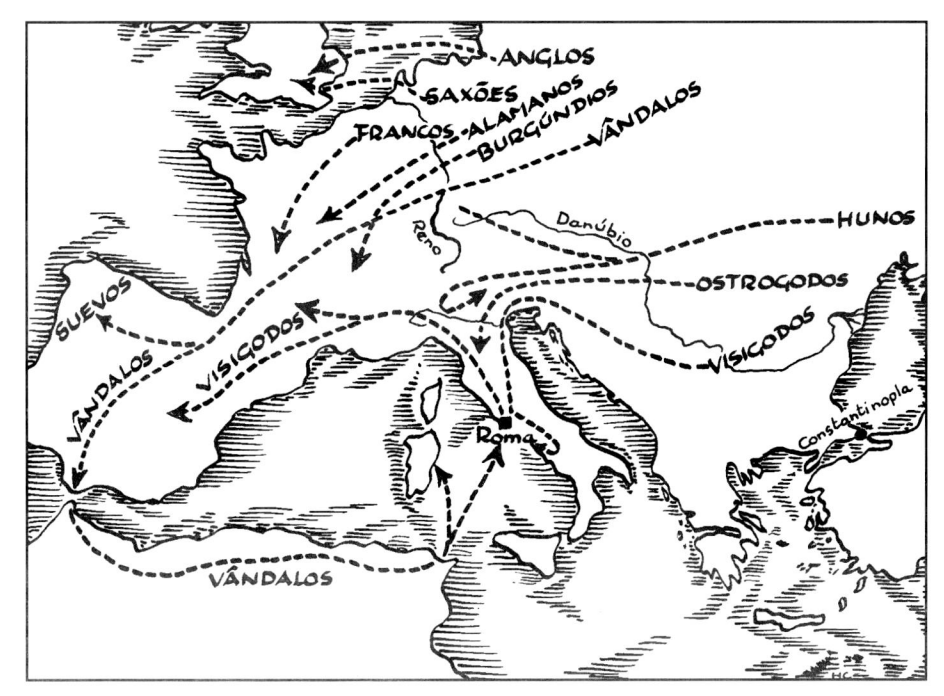

Transmigrações dos povos bárbaros

Os verdadeiros missionários dos povos bárbaros são os monges, particularmente os de tradição beneditina. Em 529, Bento de Núrsia dá início a uma nova ordem monástica, cujo lema é *ora et labora* (oração e trabalho). Elabora para seus monges uma Regra de admirável equilíbrio. Surge, assim, um imponente movimento de renovação espiritual, contendo uma notável reserva de força evangélica. De fato, das abadias beneditinas da Itália — entre as quais a abadia-mãe de Montecassino — partirão contingentes de novos missionários em direção aos povos germanos, eslavos e húngaros. Junto com a mensagem evangélica levam valores culturais da tradição greco-romana, contribuindo, assim, significativamente, para o nascimento de uma nova civilização, que fundia elementos do passado clássico com valores e energias de povos jovens.

Entre os povos bárbaros serão os francos a apoiar, decisivamente, a obra missionária da Igreja. O batismo de seu líder, Clóvis, em 496, significa a entrada no catolicismo de boa parte de seus súditos. Sela-se uma aliança entre os francos e o papado.

Na Irlanda, desenvolve-se um cristianismo todo particular, de cunho monástico. Figura de destaque é são Patrício (389-461). Numerosos "peregrinos apostólicos" partem da "ilha monástica" para o continente europeu, lançando por toda parte as sementes do Evangelho.

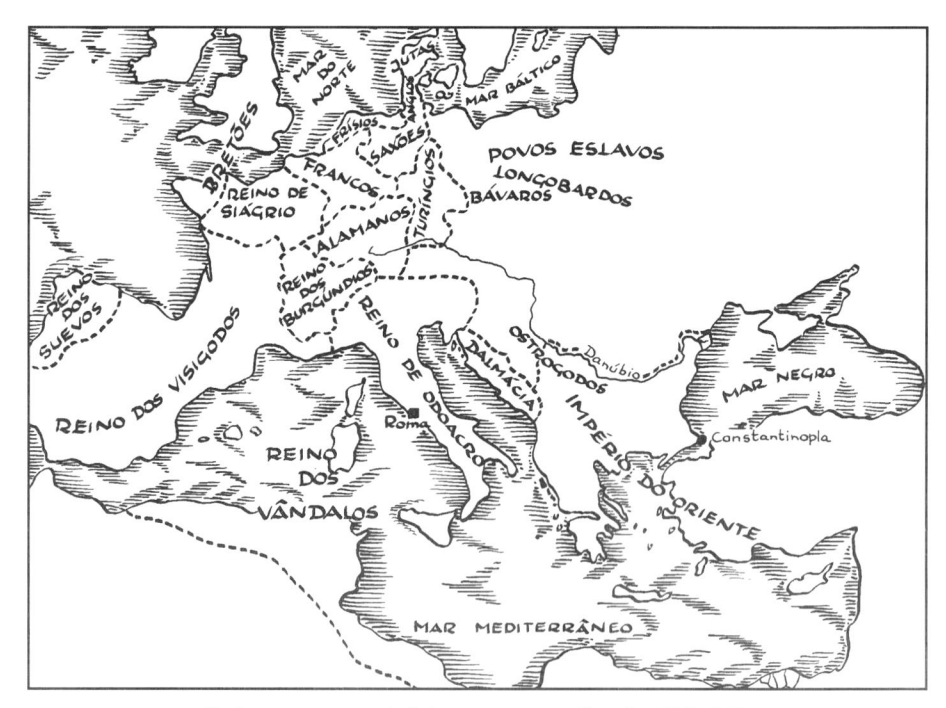

Reinos romano-bárbaros por volta de 500 d.C.

A missão romana entre os anglos (Inglaterra) é iniciativa do papa Gregório Magno (590-604), que envia à ilha britânica o abade beneditino Agostinho com quarenta monges. Da Grã-Bretanha saem egrégios missionários que evangelizarão regiões no Norte da Europa. Devem ser lembrados, aqui, os nomes de são Bonifácio († 754), apóstolo da Alemanha, e Willibrordo († 739), missionário nos Países-Baixos.

2. CRISTANDADE MEDIEVAL

Um papel decisivo para o surgimento da cristandade medieval cabe ao reino dos francos. Em 754, o papa Estêvão II (752-757) unge o seu chefe, Pepino, como rei. Por sua vez, o líder franco vem em auxílio do pontífice para combater os Longobardos, doando-lhe, em seguida, territórios no centro da Itália, que, junto com as terras já possuídas pelo papa (*patrimonium Petri*) formam o "Estado Pontifício", que terá duração de onze séculos (até 1860) e, hoje, sobrevive no Estado da Cidade do Vaticano (criado em 1929). Assim, o Papa torna-se, também, senhor territorial e rei de um Estado.

A aliança entre os francos e o papado chega a seu auge com a figura de Carlos Magno, coroado imperador pelo Romano Pontífice na noite de Natal do ano 800. Carlos quer fazer ressurgir o esplendor do antigo Império Romano sob a égide cristã, considerando a si mesmo como rei e sacerdote, tutor

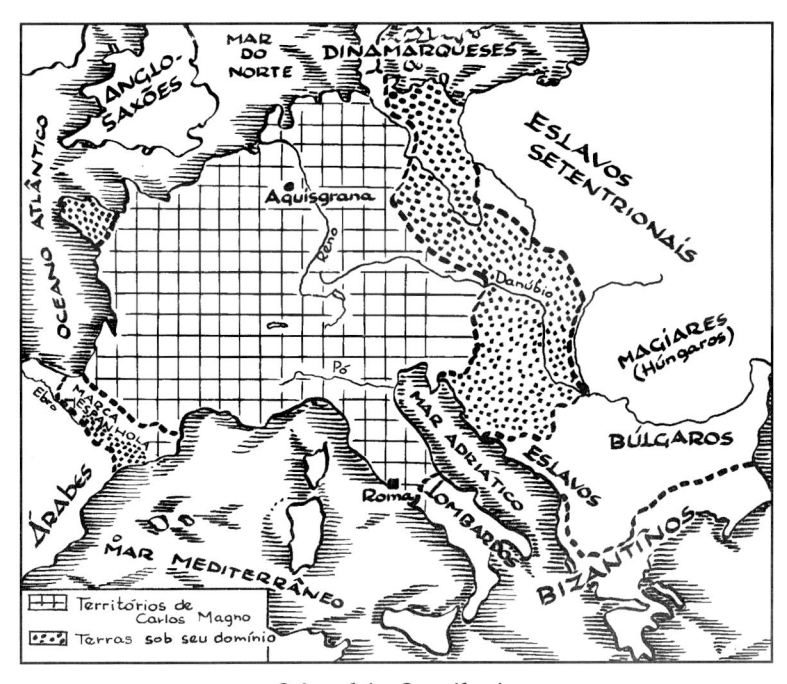

O Império Carolíngio

natural da Igreja e seu autorizado protetor. Nasce, nesse preciso contexto, a "Idade Média cristã", na qual papas e imperadores agem em conjunto, tanto no campo religioso como no político. Poder espiritual e poder temporal unem-se numa ambígua aliança de interesses, fonte de inúmeros conflitos e rivalidades que, no fundo, pouco têm a ver com a vivência do Evangelho. Aquisgrana torna-se o centro do Império franco e fulcro do "renascimento carolíngio", uma espécie de renovação cultural, da qual a Igreja participa ativamente por meio de seu clero e monges.

Todo esse gigantesco edifício político-cultural, inspirado no cristianismo, ruirá com a tempestade que seguirá a tríplice divisão do império em 843 (Tratado de Verdun) e as destruições provocadas pelas invasões de normandos (víquingues) e sarracenos (meados do século IX). O reino é pulverizado em incontáveis pequenos territórios (feudos). Só formalmente se mantém a autoridade do imperador, mas, na realidade, são os senhores feudais (vassalos) que exercem o poder nas suas respectivas propriedades. A Igreja sofre, imediatamente, os efeitos de tal situação. Começa, na história do Ocidente, o que se convencionou chamar de "Século de Ferro", quando a Igreja cai quase que inteiramente sob o domínio de senhores locais com interesses particulares. Assim, em Roma, o papado será objeto de rivalidade e intrigas entre famílias poderosas que colocam no trono de são Pedro o candidato de sua preferência. Tristemente famoso ficou o "sínodo cadavérico" (896), momento sinistro na história dos papas, que mostra, claramente, as funestas conseqüências das intromissões de seculares na vida interna da instituição eclesiástica. Os sínodos de Sutri e de Roma, em 1046, colocarão ordem na Igreja romana, graças à enérgica atuação do imperador alemão Henrique III (1039-1056). Na realidade, a verdadeira libertação da Igreja virá da base, partindo do mosteiro beneditino de Cluny, fundado em 910, na Borgonha, no território da Gália (França).

3. EXCLUSIVISMO ECLESIÁSTICO

A luta pelo poder é uma constante na história medieval. A construção e consolidação da cristandade como aliança de interesses entre o poder espiritual (papa) e o poder temporal (imperador ou rei) vêm acompanhadas de muitas interrogações e grandes ambigüidades. Há momentos, nesse período histórico, em que os senhores seculares, velada ou abertamente, dominam a Igreja, e há outros em que os papas se comportam como "donos do mundo", dando à função petrina uma extensão civil dificilmente conciliável com o Evangelho e a genuína tradição cristã.

A fundação de Cluny assinala o início de uma reviravolta. Esse mosteiro nasce independente de interferências de senhores feudais. Dele parte o movimento de libertação da Igreja, notadamente no que se refere aos vícios da "investidura leiga" (seculares em cargos eclesiásticos) e da simonia (ven-

QUADRO 3: RUPTURAS ENTRE PAPADO E IMPÉRIO

Papas	Antipapas	Imperadores	Antimonarcas
Gregório VII (1073-1085)		Henrique IV (1056-1106)	
	Clemente III (1080-1100)		Rodolfo de Suábia (1077-1080)
Vítor III (1086-1087)	Teodorico (1100-1102)		Hermano de Salm-Luxemburgo (1081-1088)
Urbano II (1088-1099)	Alberto (1102)	1093 – Rebelião de Conrado, filho do Imperador Henrique IV (+1101)	
Pascoal II (1099-1118)	Silvestre IV (1105-1111)		
		1105 – Levante de Henrique, filho do Imperador Henrique IV, contra seu pai. Assume o governo sob o nome de Henrique V (1106-1125)	

da de coisas sacras por dinheiro). Um representante dessa corrente, eleito papa com o nome de Gregório VII (1073-1085), empreenderá uma profunda reforma na Igreja. No seu governo é afirmado, igualmente, o poder supremo do Romano Pontífice com a publicação do *Dictatus papae* (1075). Gregório entra em conflito com Henrique IV (1056-1106), imperador da Alemanha, que não aceita as pretensões papais. Para mostrar seu prestígio, o monarca germânico nomeia um antipapa e o faz empossar na Sé romana. Gregório teve de fugir, morrendo no exílio. Mas a questão das investiduras eclesiásticas só terá uma solução — na realidade, um compromisso entre os dois poderes — em 1122 (Concordata de Vórmia).

No *Dictatus papae*, já aparece nitidamente a aspiração à superioridade papal. O documento lança as bases do poder absoluto do Romano Pontífice na sociedade medieval. No pontificado de Inocêncio II (1198-1216), as teses hierocráticas (literalmente: "o governo do sagrado") atingirão seu pleno desenvolvimento. É este pontífice que compara sua autoridade pessoal ao sol, diante do qual o brilho da lua (símbolo do poder temporal) se anuvia.

No período áureo da cristandade medieval — que não corresponde, necessariamente, à qualidade de vida cristã! — a ciência e a arte (com raras exceções) estão sob a direta tutela da Igreja. A teologia é tida como "a rainha das ciências" e a filosofia deve ser "sua serva". Obras artísticas — arquitetura, pintura, escultura e música — quase sempre são de ordem sacra. Inega-

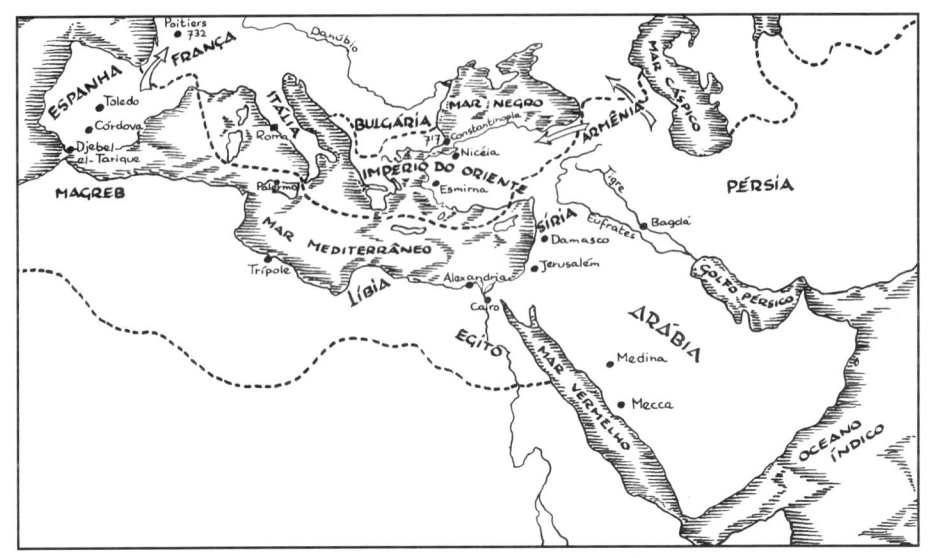
As conquistas do islã em fins do século X

velmente, encontramos nesses séculos magníficas manifestações de arte, expressões de uma intensa busca do transcendente que tanto caracteriza a alma do ser humano desse período da história.

Na mentalidade medieval, há pouco espaço para o diferente. O ideal unitário que a cristandade acalenta vê com desconfiança elementos dissidentes. Durante todo o período em tela, o avanço do islã — religião monoteísta surgida com Maomé em princípios do século VII — constitui uma permanente ameaça. Podemos, sem exagero, dizer que se trata do inimigo número 1 dos cristãos de então. Contra o islã (ou maometismo) organizam-se expedições de caráter religioso-militar, conhecidas como cruzadas. O primeiro cenário de combate entre cristãos e muçulmanos é a Península Ibérica, entre 711 e 1492. Desenvolve-se nessa região uma luta de sete séculos: a "reconquista cristã". A militância em nome da fé dá origem a uma mentalidade que procura "justificar "a guerra santa cristã", ou seja, o uso de armas em nome do Evangelho! A colonização ibérica da América Latina ressentirá os nefastos efeitos desse estado de espírito.

Quando, em 1071, Jerusalém cai sob o domínio dos muçulmanos, o Ocidente cristão se comove profundamente. A Terra Santa é, para o ser humano medieval, uma grande e preciosíssima relíquia coletiva, pelo fato de ter sido tocada fisicamente pelo próprio Verbo encarnado. O apelo do papa Urbano II (1088-1099), no Sínodo de Clermont (1095), para organizar-se uma grande contra-ofensiva, tem imediata resposta. Surgem, assim, as cruzadas propriamente ditas, ou guerras movidas pelos cristãos e apoiadas por eminentes figuras eclesiásticas, como Bernardo de Claraval. Na realidade,

QUADRO 4: AS CRUZADAS

Seqüência	Participantes mais ilustres	Acontecimentos
1ª Cruzada (1096-1099)	Godofredo de Bulhão	1099 – Conquista da Cidade Santa (Reino Latino de Jerusalém). Criação dos principados ocidentais de Edessa e de Antioquia.
2ª Cruzada (1147-1149)	Rei Luís VII da França Rei Conrado III da Alemanha	1147 – Conquista de Lisboa.
3ª Cruzada (1189-1197)	Imperador Frederico I Barbaroxa (+ 10-6-1190, no Rio Salef, na Cilícia); Frederico, Duque de Suábia; Frederico II, Augusto, rei da França; Ricardo I, Coração-de-Leão, rei da Inglaterra.	1191 – Conquista de Acre (Tolemaida) 1192 – Acordo entre Ricardo Coração-de-Leão e o Sultão Saladino (livre acesso dos peregrinos cristãos a Jerusalém).
4ª Cruzada (1202-1204)	Balduíno de Flandres. República marítima de Veneza.	1203 – Conquista de Constantinopla.
5ª Cruzada (1228-1229)	Imperador Frederico II.	
6ª Cruzada (1248-1254)	São Luís, rei da França.	
7ª Cruzada (1270)	São Luís, rei da França (+ 25-8-1270).	

é um movimento contraditório que, freqüentemente, foge de suas intenções originárias. Não raras vezes predominam preocupações puramente comerciais ou políticas. Defender a religião com a espada mostrar-se-á, na história, sempre, um procedimento antievangélico. De fato, as cruzadas suscitam muitas interrogações à consciência cristã. Se de um lado contribuíram para cimentar a unidade da Europa cristã, intensificando, até, relações comerciais e culturais com outros povos e civilizações, de outro agravaram o distanciamento com o Oriente cristão, consolidando o clima de desconfiança e rivalidade que culminaria na definitiva ruptura entre a Igreja latina e os ortodoxos orientais, em 1054. As cruzadas deixaram, igualmente, profundas feridas na população muçulmana, com explosões de ódio e de rejeição brutal da mensagem cristã.

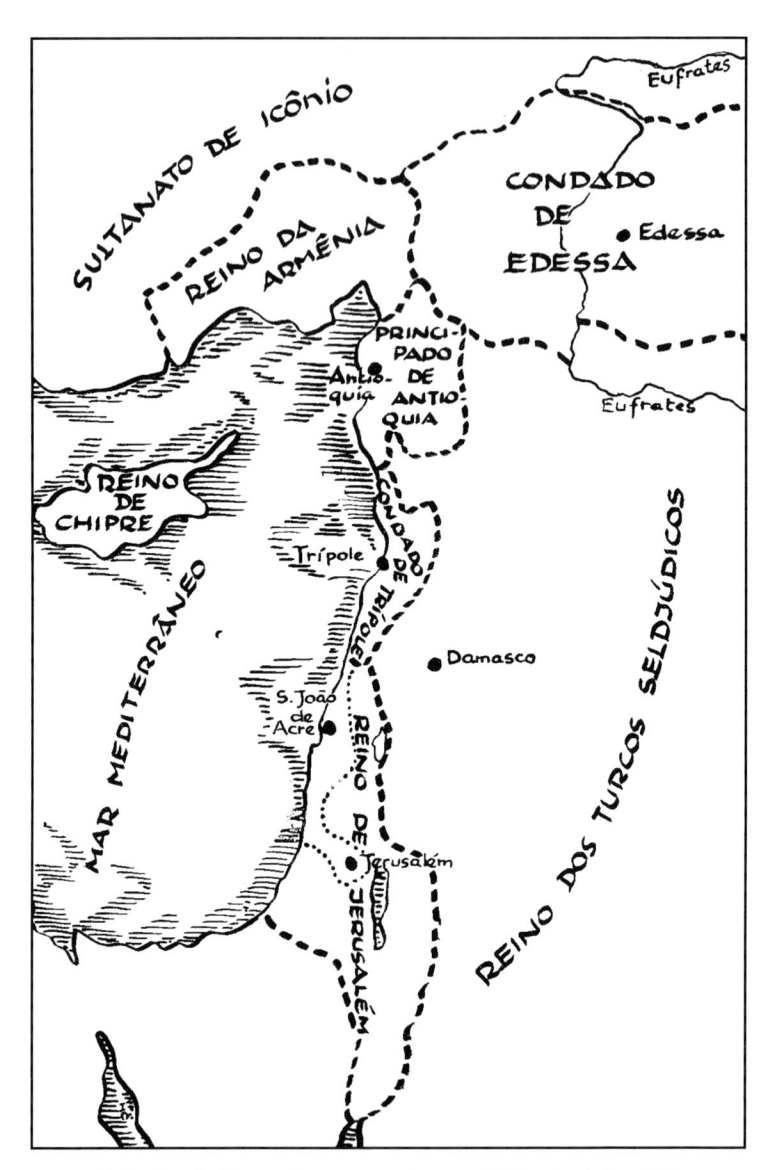

Estados latinos dos cruzados no Oriente (séc. XII)
Aos reinos fundados após a primeira Cruzada (1096-1099),
ajuntaram-se a Ilha de Chipre, conquistada em 1191, e a Armênia,
território vassalo do imperador Henrique VI (1190-1197)

Quando, em 1291, o islã se apodera do último baluarte cristão (a cidade de Acre), pôde ser feito o triste balanço do movimento das cruzadas: após séculos de luta, não só foram perdidos os territórios cristãos, mas a população de boa parte do Oriente tinha passado à religião de Maomé.

QUADRO 5: AS ORDENS MILITARES

Denominação	Fundação	Finalidade
Associações de leigos, saídas do movimento das Cruzadas. Originalmente têm um duplo objetivo: a consagração religiosa de seus membros (mediante os três votos clássicos) e a defesa armada das terras conquistadas pelos cristãos no Oriente Próximo.		
Templários	1118, em Jerusalém, por Hugo de Payens, junto ao palácio real no suposto local do Templo de Salomão (*militia Templi*).	A sua Regra-de-Vida remonta a são Bernardo de Claraval. Compromissos de pobreza, castidade e obediência. Proteção aos peregrinos.
Joanitas ou **Hospitalários de São João**	1137 – Originários de uma confraria já existente no Hospital de São João Batista, em Jerusalém. Depois de sua transferência para a ilha de Malta (1530), são também conhecidos como "Cavaleiros da Ordem de Malta".	Cuidado dos enfermos e escolta armada de peregrinos.
Ordem Teutônica ou **Cavaleiros de Maria**	1190, em Acre.	Assistência aos doentes. Mais tarde: sujeição e conversão da Prússia e de povos eslavos.
Na História de Portugal é de grande significado a "Ordem (militar) de Cristo". Fundada em 1319, torna-se sucessora da Ordem dos Templários (suprimida em 1312), em terras lusitanas. À Ordem de Cristo o Papa confiou a jurisdição espiritual das conquistas portuguesas de além-mar.		

Desde os primórdios do cristianismo, há interpretações da fé consideradas pela Igreja oficial como heterodoxas (desviantes da doutrina). Também no período da Idade Média encontramos movimentos religiosos tidos por heréticos. A realidade dos fatos, porém, não é tão simples assim. Freqüentemente, trata-se, pelo menos no início, de profundos anseios para se viver com mais autenticidade a mensagem do Evangelho. O que normalmente acontece é um endurecimento posterior e atitudes intransigentes, tanto dos "inovadores" quanto das autoridades eclesiásticas, ciosas da "reta interpretação" da doutrina. No século XII, surgem, no sul da França, dois grupos de cristãos que querem trilhar caminhos novos, opondo-se ao que consideram corrupção da pureza evangélica. Os cátaros (= puros ou perfeitos) ou albigenses (nome ligado à cidade-sede Albi) desconfiam do mundo material e pretendem voltar "à simplicidade de Jesus". Condenam a riqueza e a ostentação da Igreja-instituição, em especial o luxo em que vivem muitos de seus ministros. Os valdenses (de Pedro Valdo), de Lião, igualmente denunciam a riqueza do clero e proclamam o retorno à Escritura Sagrada. Contra esses e outros movimentos de contestação — que se autoclassificam "Igreja do Espírito" e se radicalizam cada vez mais em suas posições — a Igreja hierárquica responde com uma "cruzada interna", organizada pelo papa Inocêncio III em 1209. A "guerra contra os albigenses" (1209-1229) foi de uma incrível crueldade, que maculou profundamente o nome de Cristo. É no contexto de "combate aos hereges" que se situa a origem da Inquisição. Trata-se de um tribunal eclesiástico encarregado de procurar e punir desvios doutrinais e morais na sociedade. Seu funcionamento é confiado a religiosos, particularmente os dominicanos. Infamante é a autorização papal de poder-se usar a tortura para extorquir a confissão de culpa de suspeitos. O procedimento do tribunal consta, fundamentalmente, de três fases: a convocação dos acusados, o interrogatório e a sentença, seguida da execução da pena. Na fase final, entra em ação o "braço secular", pelo fato de os eclesiásticos não poderem "manchar suas mãos com sangue". A existência e a atuação da Inquisição dificilmente se justificam. O Evangelho nunca permite usar a violência em nome da fé! Essa instituição feriu, profundamente, os direitos mais essenciais do ser humano. Mesmo levando em conta a mentalidade da época e o contexto sociopolítico de cristandade, não há como legitimá-la e, menos ainda, defendê-la. Só podemos almejar que práticas inquisitoriais desapareçam definitivamente do cenário eclesiástico.

O exclusivismo cristão medieval, sobretudo o romano, afetou também o relacionamento com o Oriente cristão. Quando o papado firma uma aliança com os francos, tendo seu clímax na figura de Carlos Magno, os líderes eclesiásticos orientais — em particular o patriarca de Constantinopla — vêem com maus olhos tal evolução. A crescente latinização da Igreja provoca, ainda, muita irritação no Oriente. Surge, paulatinamente, um clima de desconfiança mútua. A política centralizadora do Romano Pontífice é interpretada como uma afronta à autonomia da Sé patriarcal de Constantinopla. A tudo isso acrescentam-se, ainda, questões internas sobre interpretações teológicas, litúrgicas e disciplinares. Está preparado, assim, o ambiente propício para uma ruptura que, efetivamente, tem lugar em 1054. O cardeal Humberto, bispo de Silva Cândida, enviado pelo papa Leão IX (1049-1054) com a missão de tentar uma reconciliação com os orientais, entra em conflito frontal com o patriarca Miguel Cerulário (1043-1058). A dureza no trato e a intransigência de ambos envenenam, definitivamente, os entendimentos. E a separação torna-se um fato quando, no dia 16 de julho de 1054, Humberto coloca no altar da igreja de Santa Sofia, em Constantinopla, a bula de excomunhão que afasta o patriarca da comunidade eclesial. Cerulário retruca de maneira idêntica. Começou o grande "cisma oriental", que perdura até os nossos dias, dando origem a cristãos que se autodenominam "ortodoxos", ou seja, detentores da verdadeira fé. Essa lamentável divisão prejudicou, gravemente, ambas as partes do mundo cristão e empobreceu-as de modo recíproco. Com fundadas esperanças, vemos o desenvolvimento do atual diálogo ecumênico com a Igreja Oriental ortodoxa, fruto maduro do movimento de renovação eclesial do Concílio Vaticano II (1962-1965).

4. ABALOS DO MODELO DE CRISTANDADE

O modelo de Igreja tal como se consolida na Idade Média, caracterizado pela união dos dois poderes, suscita, em diversos momentos, sérios questionamentos e provoca reações. Sempre houve pessoas e grupos que denunciaram os perigos inerentes a tal regime. Podemos recordar, aqui, os movimentos de pauperismo, entre os quais se encontram os já citados cátaros e valdenses. Importante, nesse contexto, é a figura do abade cisterciense Joaquim de Fiore († 1202) que prega a chegada da "Era do Espírito Santo", época de uma reforma radical na Igreja, quando ela será purificada de toda mundanalidade.

A influência política do papa Inocêncio III (1198-1216)
As regiões traçadas estavam sob regime de quase-vassalagem da Sé Romana

As correntes renovadoras que mais influenciam na busca de uma reevangelização da comunidade cristã são as chamadas "ordens mendicantes". No fundo, propõem uma volta ao "Evangelho puro", sem concessões. Destaca-se aqui, em primeiro plano, a personagem ímpar de Francisco de Assis (c. 1181-1216). Faz do Evangelho sua única regra de vida, considerando-se a si mesmo "o menor entre os irmãos". Quer seguir "nu" o "Cristo nu". A pobreza voluntária deve torná-lo inteiramente livre para a causa do Reino. Reúne seus discípulos na Ordem dos Frades Menores, família religiosa inspirada no seu exemplo de vida. Francisco é "o irmão universal", o rosto vivo de Cristo, alguém que ama a todos e abraça a inteireza da criação, como expressão da infinita bondade divina. De tal forma se identifica com seu Mestre que, em 14 de setembro de 1224, recebe no seu corpo estigmas do Senhor. Domingos de Gusmão (1170-1221) é, igualmente, um apaixonado por Cristo. Incentiva, especialmente, o estudo da Palavra de Deus a fim de que a pregação seja, de fato, autêntico anúncio da verdade. Funda a Ordem dos Pregadores (dominicanos), destinada a servir a Igreja na vivência e divulgação da Boa-Nova de Jesus. Domingos propõe a seus seguidores uma vida em comunidade apostólica de pobreza e simplicidade, sustentando com o próprio testemunho a veracidade da palavra pregada aos outros.

Já antes do surgimento das ordens mendicantes, existiam grupos de consagrados que haviam atendido aos apelos do Espírito em momentos cruciais da história. Todos buscando uma intensa revitalização cristã com retorno decisivo a valores genuínos do Evangelho. Em todas essas famílias religiosas, sentimos, igualmente, um grande amor à Igreja e a disposição para servi-la, a fim de que retome sua missão essencial, que é evangelizar. Citamos apenas alguns de seus representantes mais ilustres com o nome de sua respectiva ordem religiosa: Bruno de Colônia († 1101), que fundou a Ordem dos Cartuxos, em 1084; Roberto de Molesme († 1110), fundador da Ordem dos Cistercienses (1098), cujo representante mais conhecido é Bernardo de Claraval (1190-1153), considerado o "segundo fundador"; Norberto de Xanten († 1134), que dá origem à Ordem dos Premonstratenses (1120); Bertoldo de Calábria (†1195) que, no monte Carmelo, inicia a futura Ordem dos Carmelitas (1156), posteriormente equiparada aos Mendicantes (1247).

No século XIV, uma grande turbulência atinge a Igreja. Novamente, está em questão a luta pelo poder. Agora, o papado tomba sob o domínio da França. Eleito sumo pontífice, Clemente V (1305-1314) transfere a sede papal de Roma para Avinhão, no sul da França (1305). Interesses políticos e até econômicos invadem a direção suprema da Igreja. Sob a atuação de Catarina de Sena (1347-1380), o papa Gregório XI (1370-1378) decide voltar a Roma, onde entra em 1377. Pouco depois, é surpreendido pela morte. A eleição de seu sucessor, que toma o nome de Urbano VI (1378-1389), não foi feliz. Os cardeais partidários da França reagem, elegendo um outro papa, Clemente VII (1378-1394), que fixa residência em Avinhão. Começa, assim, o que se convencionou chamar de "cisma ocidental", com uma duração de exatamente trinta e nove anos. O mundo cristão divide-se em dois blocos: os adeptos do papa romano e os do papa avinhonês. Uma triste realidade eclesial que mostra, mais uma vez, os funestos resultados da intromissão

QUADRO 6: O CISMA OCIDENTAL

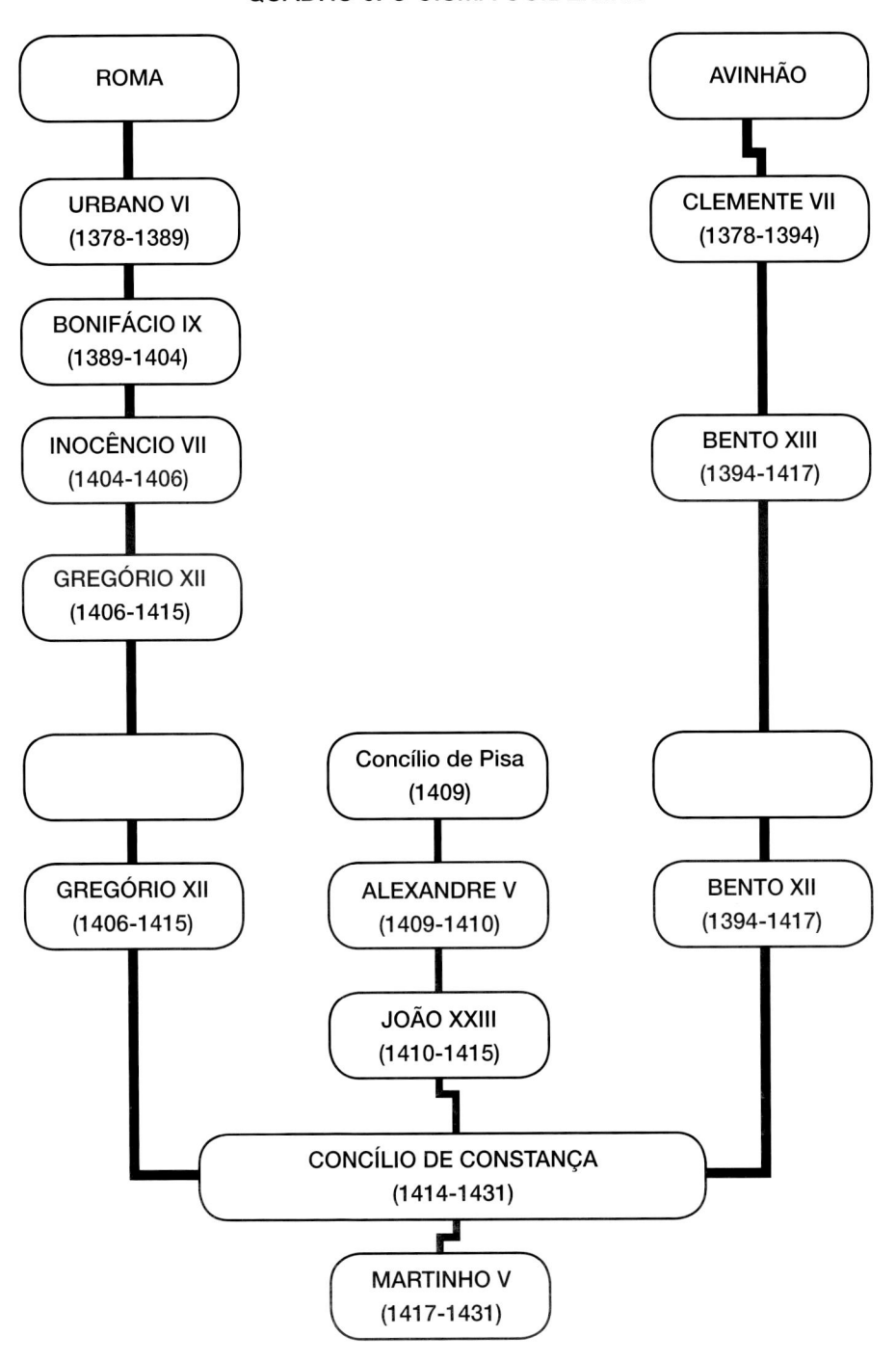

ROMA

URBANO VI
(1378-1389)

BONIFÁCIO IX
(1389-1404)

INOCÊNCIO VII
(1404-1406)

GREGÓRIO XII
(1406-1415)

GREGÓRIO XII
(1406-1415)

AVINHÃO

CLEMENTE VII
(1378-1394)

BENTO XIII
(1394-1417)

BENTO XII
(1394-1417)

Concílio de Pisa
(1409)

ALEXANDRE V
(1409-1410)

JOÃO XXIII
(1410-1415)

CONCÍLIO DE CONSTANÇA
(1414-1431)

MARTINHO V
(1417-1431)

secular na comunidade eclesial. Um Concílio convocado em Pisa (1409) depõe os dois papas e elege um outro, que adota o nome de Alexandre V (1409-1410). As conseqüências são ainda mais funestas: com a negação de renúncia por parte dos dois papas anteriores e a eleição de um terceiro pontífice, há agora três papas que disputam entre si o supremo poder na Igreja! Sob a proteção do imperador Sigismundo de Luxemburgo (1410-1437), é realizado o Concílio de Constança (1414-1418), onde é colocada em prática a teoria conciliarista, isto é, a tese segundo a qual a autoridade de um concílio, legitimamente reunido no Espírito Santo, tem poder acima de um papa. Trata-se de uma solução emergencial para sair de um impasse histórico e não tanto de um princípio de doutrina eclesiológica, mas o precedente não deixa de ser sem perigo. Com a fuga do papa pisano (João XXIII) e a renúncia do papa romano (Gregório XII), só resta o papa avinhonês, Bento XII, que se nega a abdicar. Seu sucessor, Clemente VIII, praticamente é abandonado, até pelos próprios seguidores, e resolve renunciar, em 1429. Mas antes disso os cardeais já elegeram um novo papa, que adota o nome de Martinho V (1417-1431) e se compromete a levar a cabo uma reforma na Igreja.

5. VIVÊNCIA E INTELECÇÃO DA FÉ

O que impressiona na Idade Média é a intensa busca de unidade em todos os níveis. Há, nesse período histórico, uma natural orientação para o Transcendente, e Deus está espontaneamente presente na mentalidade do ser humano medieval. Com facilidade admite-se a intervenção do divino nos mais variados aspectos do cotidiano. Há, inegavelmente, um forte espírito comunitário na sociedade medieval, como mostra, por exemplo, a própria construção de catedrais, expressão viva do teocentrismo e resultado de uma obra que envolve toda a comunidade. Via de regra, desconhecemos os nomes de arquitetos e artistas desses monumentos religiosos e culturais. O cristianismo é a argamassa de unidade na sociedade naqueles tempos. Não se fala, propriamente, de Europa, mas de uma *res-publica* ("coisa pública"), baseada na confissão de uma mesma fé. Tudo isso tem, obviamente, seu reverso: pouca consciência da autonomia das realidades terrestres e escasso respeito pelo diferente. Diante de uma supervalorização da autoridade, a liberdade pessoal não goza do mesmo prestígio.

O nascimento da universidade é outra manifestação do espírito unitário da Idade Média. Surge, de fato, sob a iniciativa e a tutela da Igreja e reúne, numa mesma unidade, estudantes e mestres provenientes das mais diversas regiões da Europa. A língua latina é seu habitual meio de comunicação. O estudo da teologia e da filosofia encontra-se no centro da vida universitária, numa sincera procura para harmonizar fé e ciência. No século XI, Anselmo de Cantuária (1033-1109) afirma, vigorosamente, o predomínio da fé sobre a razão ("Creio para entender"!). Dominicanos e franciscanos terão um papel determinante nos emergentes centros universitários. Nas faculdades de teologia, são elaboradas sínteses teológicas — as famosas "sumas" — que procuram mostrar a íntima conexão de todas as realidades, exatamente pelo fato de procederem de uma mesma fonte: Deus. Duas figuras merecem destaque: Tomás de Aquino e Boaventura, ambos falecidos em 1274. O dominicano Tomás, o "doutor angélico", defende a existência de uma única verdade, à qual temos acesso tanto pela revelação como pela razão, e entre essas duas fontes não pode haver contradição. Reúne, num corpo científico coerente, sua busca da verdade, base de uma autêntica "ciência da fé" (teologia). O franciscano Boaventura, "doutor seráfico", contemporâneo e amigo de Tomás de Aquino, mostra que toda a criação é obra de Deus e todas as criaturas conduzem ao divino. No seu famoso "Itinerário da mente a Deus", dá eloqüente testemunho do equilíbrio entre pensamento humano e vida espiritual.

O cristianismo medieval é impensável sem referências às grandes ordens religiosas que se desenvolveram nesse período da história. Fundamentalmente, encontramos três formas básicas de *vida consagrada*: os monges, tendo nos beneditinos sua expressão máxima; os cônegos regulares, com destaque para os premonstratenses; os mendicantes, sendo dominicanos e franciscanos seus representantes mais conhecidos. Em momentos cruciais da história medieval, aparecem duas figuras que merecem nossa especial atenção: o fundador dos premonstratenses, Norberto († 1134), e o cisterciense Bernardo de Claraval († 1153). Norberto de Xanten dá origem a uma nova forma de *vida consagrada*, tendo em vista a formação de bons ministros para a ação pastoral da Igreja. O próprio termo "cônego" refere-se a um clérigo incardinado (inserido) numa diocese, que segue uma regra ("regular") e vive em comunidade. Bernardo de Claraval é, talvez, depois de Francisco de Assis, um dos santos mais expressivos da Idade Média, gozando de grande prestígio até entre os Reformadores protestantes do período histórico seguinte. Bernardo foi um homem multifacético, que marcou profundamente a Igreja e a sociedade de seu tempo. Apresenta-se, de modo simultâneo, como mestre espiritual, abade de comunidade monástica, conselheiro de reis e papas, pacificador de conflitos, fecundo escritor, grande contemplativo e místico. Na sua espiritualidade a humanidade de Cristo e a singularidade da Mãe de Deus na obra salvífica têm particular interesse. É cognominado "doutor melífluo" (de mel), não só pela ternura que caracteriza sua personalidade e relacionamentos humanos, mas também, e talvez principalmente, pelo sentido espiritual que descobre nas Escrituras Sagradas e que faz docemente penetrar na alma.

Espontaneamente, surge, agora, a pergunta: e o povo nas bases da sociedade, como é que vivia sua fé? Para situarmo-nos com maior segurança em terreno tão complexo, é necessário conhecer a cosmovisão medieval.

Naquele tempo, à risca, tudo é diretamente referido a Deus e é opinião comum que o poder divino intervém com freqüência na realidade terrena. Daí a importância de o ser humano ter bom relacionamento com a divindade e andar sempre na sua presença. A oração torna-se, assim, uma necessidade vital, mas corre o risco de ser interesseira, como mostram certas práticas de "fazer promessas". A espiritualidade conhece notável evolução com a ênfase na humanidade de Jesus e, mais especificamente, sua compassividade. Com efeito, é o Homem das Dores que compartilha, por amor, nossos sofrimentos. O culto ao Bom Jesus, ou seja, ao Cristo Crucificado, é divulgado amplamente e terá, mais tarde, extraordinário desenvolvimento nas colônias americanas das nações ibéricas. O povo que luta permanentemente pela própria sobrevivência, sendo muitas vezes vítima de revezes da natureza, com facilidade se identifica com o Servo sofredor, pedindo-lhe auxílio nas agruras da vida.

Grande importância têm, nesse período, as relíquias e as peregrinações. Lugares de romaria especialmente atraentes são: a Terra Santa, com a cidade de Jerusalém; Roma, o centro da cristandade; São Tiago de Compostela, na Espanha. O caráter penitencial é inerente a essas longas e penosas viagens de fé.

Muitos são os dias festivos ou "de preceito". Simultaneamente, funcionam como momentos de socialização e de descanso, sobretudo para os trabalhadores braçais que vivem muitas vezes em situações de semi-escravidão. Menção especial deve-se fazer às irmandades e corporações medievais, entidades que proporcionavam uma convivência social entre seus integrantes e, com freqüência, contribuíam para a dignificação humana, sempre a partir de uma inspiração religiosa.

Em suma: o período medieval oferece um cenário contrastante da vida cristã, com suas inegáveis luzes e sombras. Mas uma coisa é indiscutível: a fé é o pano de fundo dessa época e dificilmente entenderemos as manifestações medievais, nos mais diversos campos, sem a explícita referência à religião cristã.

DOCUMENTO
DA BULA *UNAM SANCTAM* (18.11.1302),
DO PAPA BONIFÁCIO VIII (1294-1303)

Introdução

A luta entre os "dois poderes" marca profundamente o regime da cristandade medieval. A que ponto pode chegar a ambição do poder mostra o seguinte documento. Nele se exalta o Estado teocrático dominado pelo Romano Pontífice, detentor da "plenitude do poder" (*potestas plenaria*). Já naquela época semelhante pretensão — pouco evangélica por sinal — causou forte contestação, tanto em âmbito eclesiástico quanto entre os governantes civis, particularmente o rei da França, Filipe, o Belo (1285-1314).

Texto

Uma vez que a Igreja é una e única, tem um só corpo e uma só cabeça, não duas cabeças como se fosse um monstro, isto é, Cristo e o vigário de Cristo, Pedro, e seu sucessor. Pois o Senhor disse a Pedro: "Apascenta minhas ovelhas" (Jo 21,17). E disse "minhas ovelhas", em geral, não estas ou aquelas em particular; donde se deduz que lhe encomendou todas. Portanto, se os gregos ou outros dizem que não foram encomendados a Pedro e a seus sucessores, terão de confessar que não são ovelhas de Cristo, uma vez que o Senhor afirma que há um só rebanho e um só pastor (cf. Jo 10,16). Duas são as espadas que estão em seu poder: uma espiritual, outra temporal. As duas espadas, a material e a espiritual, estão em poder da Igreja, entretanto com a diferença de que a material deverá ser empunhada em favor da Igreja e a espiritual pela Igreja. Esta será empunhada pelos sacerdotes, aquela pela mão de reis e soldados, subordinada, porém, à vontade e ao consentimento do sacerdote. Uma espada será subordinada à outra, e a autoridade temporal ao poder espiritual. [...] O poder espiritual, tanto por sua dignidade como por sua nobreza, está acima do poder temporal, qualquer que seja ele. E se o afirmamos tão claramente é porque as coisas espirituais são superiores às temporais. [...] É testemunho da verdade que é próprio do poder espiritual instituir o poder terreno e julgá-lo se não for bom. [...] Portanto, se o poder terreno se transvia, será julgado pelo poder espiritual; e se um poder espiritual menor se transvia, será julgado por seu superior. Já o poder supremo não poderá ser julgado por nenhum homem, mas só por Deus.

E tal poder, embora tenha sido dado a homens e se exerça por homens, não é humano mas divino, pois foi dado a Pedro pela voz divina e confirmado para ele e seus sucessores no mesmo Cristo a quem Pedro confessou e a quem o Senhor respondeu: "Tudo o que ligares na terra" etc. (Mt 16,19).

Portanto, quem resiste a esse poder resiste à ordem divina (cf. Rm 13,2), a menos que pretenda haver dois princípios últimos, como fazem os maniqueus: o que é falso e herético, uma vez que Moisés não disse que Deus criou o mundo "nos princípios", mas "no princípio" (cf. Gn 1,1).

Em suma: declaramos, afirmamos e definimos que submeter-se ao Romano Pontífice é, para toda criatura humana, absolutamente necessário para a salvação.

FONTE: FAUS, José Ignacio González. *A autoridade da verdade:* momentos obscuros do magistério eclesiástico. São Paulo, Loyola, 1998. pp. 49-50.

Resumindo

• *Uma primeira deslatinização da Igreja*

   – Missionários partem em direção a povos emergentes ("os bárbaros")

   – A missionariedade dos monges: resposta a apelos da Igreja

   – O surgimento de uma nova civilização

- *Formação da cristandade medieval*
  - A aliança do papado com os francos
  - Uma realidade político-cultural inspirada no cristianismo
  - Conseqüências da intromissão leiga na vida interna da Igreja
- *Uma Igreja revestida de poder*
  - A luta pela liberdade eclesiástica
  - O fascínio do poder e sua ambigüidade evangélica
  - A luta contra o islã: as cruzadas
  - O combate às heresias e as origens da inquisição
  - A ruptura entre a cristandade ocidental e oriental
- *Fissuras no modelo medieval de cristandade*
  - Sinais de renovação nas bases: o movimento do pauperismo e os mendicantes
  - Novas manifestações de *vida consagrada*
  - O *cisma ocidental*: uma Igreja dividida e enfraquecida
- *Manifestações de vivência cristã*
  - O ideal de unidade: teocentrismo e espírito comunitário
  - A posição privilegiada da teologia como *ciência da fé*
  - O imediatismo do divino no cotidiano do povo: cosmovisão, humanidade de Cristo, relíquias e peregrinações, irmandades.

Aprofundando

A construção da cristandade é uma característica básica da Idade Média. Procure entender melhor em que consiste concretamente e quais formas assume nesse período da história. Mostre, também, as ambigüidades desse modelo de presença da Igreja na sociedade.

Perguntas para reflexão e partilha

1) A dimensão missionária é constitutiva para a Igreja. Quais são as exigências básicas para que haja verdadeira evangelização?

2) A relação entre Igreja e Estado nunca foi nem tem sido uma questão sem problemas. Quais são os reais perigos da união entre os *dois poderes* e como isso se manifesta regularmente na história?

3) Exclusivismo religioso constitui um temido obstáculo para a pacífica convivência entre os povos e as culturas. Como isso se tornou atual em nossos dias e o que podemos, nesse sentido, aprender do estudo da Igreja medieval?

4) Profetismo é uma dimensão imprescindível da evangelização. Tendo em si o dinamismo do *anúncio* e da *denúncia,* mostra-se um elemento vitalizador do cristianismo. Quais são os fatos mais significativos do profetismo evangélico no período medieval?

5) Religiosidade popular refere-se à vivência da fé por parte do povo simples e, geralmente, pobre. Quais riquezas contém e quais expressões necessitam de uma abordagem mais crítica?

6) Que chamou sua atenção na leitura do extrato da bula *Unam sanctam*, de 1302? Que lição histórica aprendemos aqui?

Bibliografia

BETHENCOURT, F. *História das inquisições:* Portugal, Espanha e Itália. Séculos XV-XIX. São Paulo, Companhia das Letras, 2000. 530 p.

CELANO, T. de. *Vida de são Francisco de Assis.* 6. ed. Petrópolis, Vozes, 1984. 221 p. CEFEPAL, 4.

EIMERIC, N. & PEÑA, F. *El manual de los inquisidores.* Barcelona, Muchnik, 1983. 280 p. Archivos de la Herejía.

ESSER, K. *Origens e espírito primitivo da ordem franciscana*. Petrópolis, Vozes, 1972. 310 p. CEFEPAL, 3.

GONZAGA, J. B. G. *A inquisição em seu mundo.* 7. ed. São Paulo, Saraiva, 1994. 247 p.

GROUSSET, R. *As cruzadas.* São Paulo, Difel, 1965. 121 p.

GUIGNEBERT, C. *El cristianismo medieval y moderno.* México, Fondo de Cultura Económica, 1969. 313 p. Breviarios, 126.

JEAN-NESMY, C. *São Bento e a vida monástica*. Rio de Janeiro, Agir, 1962. 192 p. Mestres Espirituais.

LORTZ, J. *Francisco de Assis, o santo incomparável.* Petrópolis, Vozes, 1983. 89 p. CEFEPAL, 16.

MATOS, H. C. J. *Caminhando pela história da Igreja:* uma orientação para iniciantes. Belo Horizonte, O Lutador, 1995. v. 1.

_____. *Introdução à história da Igreja*. 5. ed. Belo Horizonte, O Lutador, 1997. v. 2.

PIERINI, F. *A Idade Média*. São Paulo, Paulus, 1997. 228 p. Curso de História da Igreja, 2.

TORREL, J.-P. *Iniciação a santo Tomás de Aquino:* sua pessoa e sua obra. São Paulo, Loyola, 1999. 460 p.

VAUCHEZ, A. *A espiritualidade na Idade Média ocidental, séculos VIII a XIII*. Rio de Janeiro, Jorge Zahar, 1995. 200 p.

VV.AA. *Dominicanos*. São Paulo, Duas Cidades, 1966. 151 p.

Capítulo terceiro

A IGREJA NA IDADE MODERNA

1. CLAMORES POR REFORMA

Na fase final da Idade Média, há por toda parte grande inquietação. Percebe-se a chegada de tempos novos. O modelo medieval entra em crise. O desenvolvimento extraordinário do comércio, junto com o surgimento de novas técnicas, frutos de promissoras invenções, tornam iminentes grandes transformações.

O ser humano posiciona-se com mais independência diante dos fenômenos da natureza e adquire confiança nas suas próprias realizações. Enquanto as classes populares lutam desesperadamente para sobreviver em meio a tantas contrariedades, as novas elites e a intelectualidade estão à procura de um sentido existencial. Tensão e inquietude, até ansiedade e medo, invadem as diversas camadas da sociedade na segunda metade do século XV. Há um generalizado desejo de mudanças e de um novo significado da vida humana. O cristianismo entra de cheio neste movimento. Assim, a "Devoção Moderna", corrente de revitalização cristã, espalha-se amplamente na sociedade. Trata-se de um movimento de interiorização, entre 1380 e 1550, com caráter nitidamente cristocêntrico. Seu fruto mais duradouro é o livro *Imitação de Cristo*, atribuído a Tomás Hemerken (1391-1471). Terá uma profunda influência sobre os cristãos da época, e, na realidade, continua sendo uma das obras espirituais mais conhecidas até os nossos dias.

Os tempos modernos iniciam-se com o chamado "Renascimento", nome dado a um movimento de intelectuais e artistas que cultivam o humanismo. Tem raízes no século XV (ou até antes) e estende-se até meados do século seguinte. Os humanistas colocam — como, aliás, o próprio nome já sugere — o ser humano no centro de seus interesses (antropocentrismo). Buscam na Antiguidade clássica (entre os gregos e romanos) modelos de inspiração e de imitação (daí o nome de "*re*-nascimento"). Valorizam a vida tal como é, nela exaltando a liberdade e a criatividade do ser humano. Em suas origens, não é anticristão, pelo contrário, muitos eclesiásticos aderem à renascença, até mesmo vários papas. Mas não podemos negar que o movimento traz dentro de si uma descrença quanto à validade da religião, freqüentemente vista como ameaça à autonomia do ser humano e à sua individualidade inviolável. Ao lado de magníficas manifestações humanistas que honram seus melhores representantes, como Erasmo de Rotterdam (1467-1536), autor, entre outras, da obra *Manual do cristão militante*, e Tomás More (1478-1535), com sua *Utopia* (1516), encontramos também a face sombria de um subjetivismo exacerbado que não conhece normas éticas, visível, por exemplo, na publicação *O príncipe* (1513), de Nicolau Maquiável (1469-1527).

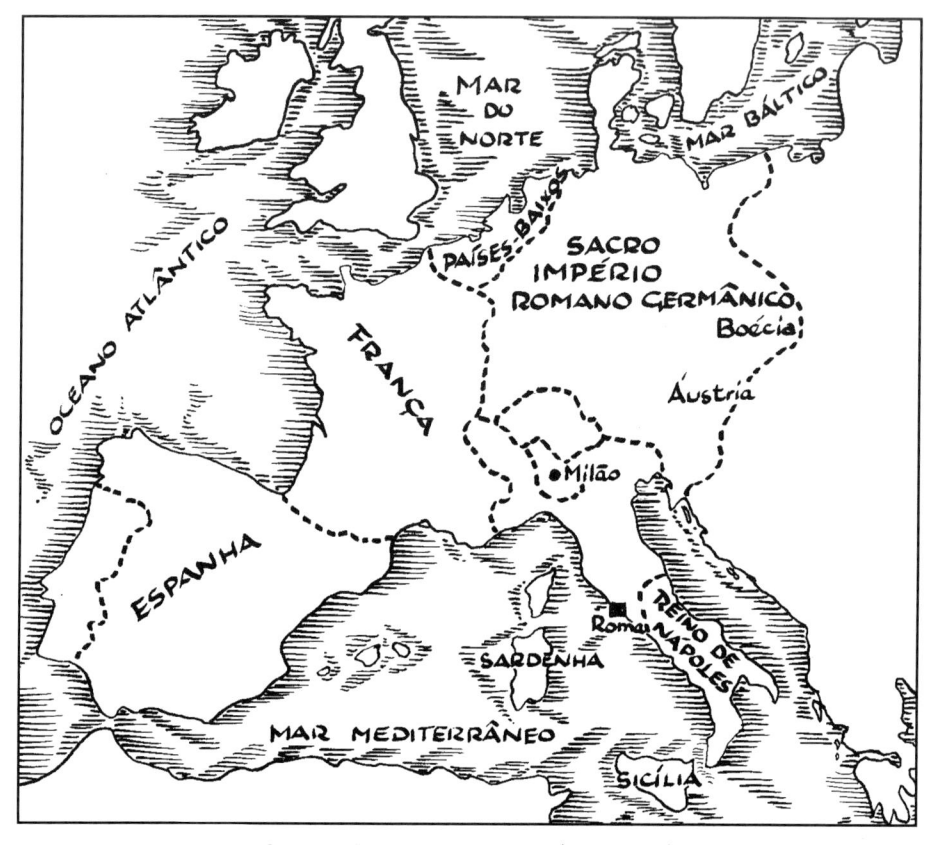

Os domínios de Carlos V (1519-1556)
Imperador da Alemanha, senhor dos Países-Baixos, rei da Espanha

A Igreja institucional, na transição do século XV para o XVI, passa por uma acentuada crise, claramente manifestada na própria Sé romana. Diversos papas renascentistas mostram maior preocupação com a arte e o esplendor da Cidade Eterna, além de seu próprio prestígio cultural e político, do que com o bem espiritual do Povo de Deus. Dos mais remotos cantos da cristandade chegam insistentes apelos por uma reforma "na cabeça e nos membros". Isso não é novidade na história, como já vimos na Idade Média, mas agora o contexto histórico apresenta-se muito mais crítico e complexo. A Igreja tem necessidade de atitudes enérgicas e medidas realmente eficazes e bem fundamentadas espiritualmente. O que falta, concretamente, é a vontade de encetar reformas por parte do próprio Pontífice Romano e de seus imediatos colaboradores em Roma. Assim, são fadadas ao fracasso as tentativas reformistas apresentadas no Concílio do Latrão em 1512.

QUADRO 7: O MOVIMENTO DA REFORMA PROTESTANTE

Alemanha	Suíça	Inglaterra	Países nórdicos
1517 – Divulgação das 95 teses de Lutero sobre os abusos das indulgências.	1518 – Intervenção de Zwínglio contra a pregação das indulgências.		
1521 – Excomunhão de Lutero.	1522 – Disputa de Zurique, composição das 67 Conclusões (teses) de Zwínglio.	1521 – Henrique VIII defende contra Lutero a doutrina católica sobre os sacramentos.	
1529 – Colóquio sobre a Religião de Marburgo, entre Lutero e Zwínglio.	1529 – Colóquio sobre a Religião de Marburgo, entre Lutero e Zwínglio.		1527 – Carta de Tolerância em favor do luteranismo na Dinamarca (desde 1536 perseguição aos católicos).
	1531 – Morte de Zwínglio na Batalha de Kappel.	1530 – Henrique VIII se autoproclama Chefe supremo da Igreja inglesa.	1527 – Dieta de Westeras: separação da "Igreja Sueca".
	1536 – Obra-prima de Calvino: "As Institutas ou Tratado da Religião Cristã" (redação definitiva em 1559). Organização dos ministérios eclesiásticos (1544). Fundação da Escola Teológica de Genebra (1559).	1534 – Ato de Supremacia. 1537 – Excomunhão de Henrique VIII pelo papa Paulo III.	1536 – Introdução da Reforma na Noruega.

Vozes proféticas que urgem medidas saneadoras são sistematicamente abafadas, como aconteceu com o dominicano Jerônimo Savonarola (1452-1498), queimado vivo na praça central de Veneza.

As inquietações religiosas encontram franca ressonância no religioso alemão da Ordem (reformada) de Santo Agostinho, Martinho Lutero (1483-1546). Atormentado pela pergunta sobre sua própria salvação, descobre, por pura graça de Deus, a misericórdia divina para com o pecador. Pela cruz de Cristo o ser humano — sem nenhum mérito de sua parte — é "justificado pela fé", isto é, pela entrega confiante a Jesus, único e suficiente Salvador. As idéias de Lutero atraem muitos de seus conterrâneos, também pelo fato de escudar os sentimentos anti-romanos e nacionalistas dos alemães. Embora, inicialmente, Lutero tenha desejado apenas dar a sua contribuição à renovação da Igreja-Mãe, que ama com sinceridade, tanto sua posição pessoal como a intolerância da instituição eclesiástica levam, fatalmente, a uma ruptura, consumada na excomunhão do Reformador em 1521.

Divisão aproximativa das confissões cristãs após a Reforma do século XVI

Se Lutero se preocupa, antes de tudo, com o movimento espiritual de volta às fontes do Evangelho, João Calvino (1509-1564), francês de origem, entra na história como o organizador e sistematizador da Reforma. Na sua obra principal, *Instituição da religião cristã* (1536), expõe os princípios doutrinais do novo movimento evangélico. Destaca a total soberania divina e a predestinação do ser humano, fruto da libérrima vontade salvífica de Deus. Para o bom e eficiente funcionamento da comunidade cristã reformada, desenvolve os serviços eclesiásticos (ministérios), inteiramente voltados para o anúncio da Palavra de Deus e a vivência do Evangelho, tal como se entendia naqueles dias.

Na Inglaterra, a ruptura com a Igreja de Roma tem como ponto de partida a negação do Papa ao pedido de anulação do casamento do rei Henrique VIII (1509-1547). Lentamente, penetram na Igreja anglicana idéias calvinistas e luteranas, embora substancialmente conserve a organização episcopal católica. O anglicanismo terá grande divulgação e desdobrar-se-á em inúmeras igrejas e comunidades cristãs independentes, sobretudo nos Estados Unidos da América do Norte.

O cristianismo de hoje é impensável sem explícitas referências aos grandes Reformadores do século XVI. Como católicos, já não podemos mais considerá-los como "hereges". Na realidade, são personagens de profunda vivência e convicção cristãs que deram uma contribuição original e duradoura à interpretação do Evangelho na Modernidade. E neste sentido não deve ser esquecido o teólogo e amigo de Lutero, Melanchton (1497-1560), o "doce Filipe", principal autor da *Confissão de Augsburgo*, de 1530, uma

QUADRO 8: GRANDES FIGURAS DA ÉPOCA DA REFORMA

exposição abrangente e bem fundamentada da Reforma, dita "protestante" pelos católicos (referência ao "protesto" lançado, em 1529, por parte de luteranos contra o proceder do arquiduque Fernando, a respeito da tolerância religiosa para com os católicos).

A Reforma cristã do século XVI não é única, nem a principal obra de "protestantes". Ela é precedida e seguida por ações reformadoras dentro da própria Igreja Católica. Não é historicamente verdadeiro dizer que *toda* a Igreja se encontrava em "franca decadência" quando Lutero divulgou suas 95 teses contra práticas consideradas abusivas ou inconvenientes (1517). No corpo eclesial católico havia notáveis reservas de renovação e autenticidade evangélica, como mostra, por exemplo, a reforma de algumas grandes ordens religiosas. É na confluência do duplo movimento de reforma intra e extra-eclesial que se situa a convocação do Concílio de Trento (1545-1563). Apesar de ser um dos concílios mais conturbados da história, realizou uma obra ingente no que diz respeito à doutrina e à disciplina da Igreja, contribuindo significativamente para traçar uma nova "identidade católica". Não esqueçamos que o evento Trento é uma coisa, e sua posterior interpretação (a "época pós-tridentina"), outra. Logicamente, as posições dos bispos, reunidos em Trento, refletem de modo intenso os desafios lançados pela incipiente reforma protestante, mas não é justo apreciarmos o 19º Concílio Ecumênico apenas por esse prisma. O que aconteceu, no longo período que sucede a Trento, é que o catolicismo acentuará pontos que os evangélicos questionaram ou subvalorizaram. Assim, na Igreja Católica o centralismo romano ocupará um posto cada vez mais relevante, correlativo a uma crescente clericalização, enquanto nas comunidades da Reforma luterana e calvinista se estabelece o modelo sinodal e o leigo é amplamente engajado

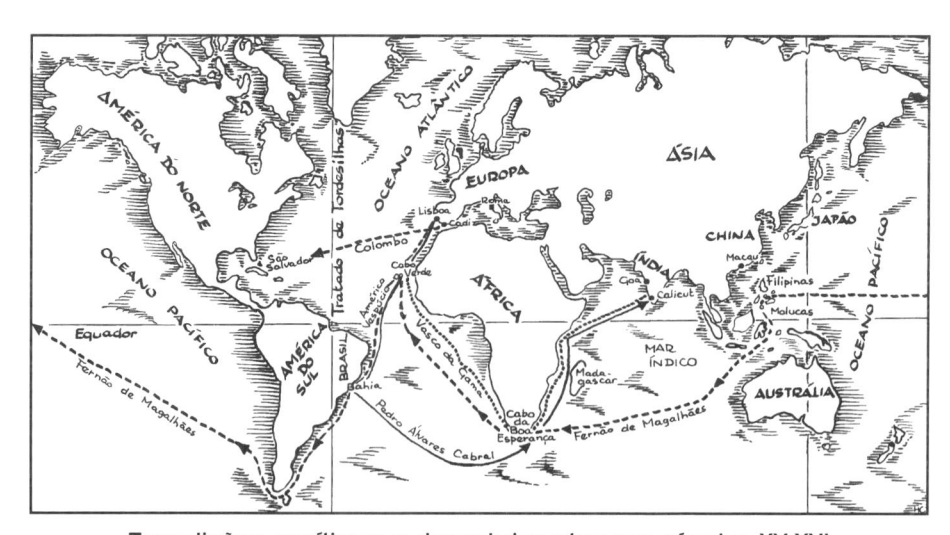

Expedições marítimas e descobrimentos nos séculos XV-XVI

nos ministérios eclesiais. No catolicismo pós-Trento, a Igreja visível, com suas estruturas, passa para o primeiro plano, com insistência na prática sacramental e obediência à autoridade, não raras vezes em detrimento de um contato mais direto e vital com a Palavra de Deus por parte dos fiéis.

É inegável o singular e definitivo contributo do Concílio de Trento à renovação da Igreja. Sua obra-prima é, sem dúvida, o decreto sobre a justificação (1547), que coloca em equilíbrio a iniciativa de Deus (a graça) e a livre colaboração do ser humano ("livre arbítrio") na obra salvífica. Também no campo disciplinar, esse Concílio realizou grandes avanços, dando primazia à dimensão pastoral ("cura d'almas") do ministério eclesial.

2. NOVOS HORIZONTES DE EVANGELIZAÇÃO

Com as grandes navegações marítimas abrem-se terras até então quase desconhecidas. Portugal e Espanha lideram o movimento dos grandes descobrimentos do século XVI. Obviamente, o interesse comercial está no centro desses empreendimentos. Alvo muito cobiçado são as Índias, onde se encontram as mercadorias de alto valor mercantil. Os missionários vão no encalço dos colonizadores e desde o começo das expedições há uma íntima relação entre "fé e império". Na realidade, muitas vezes, a religião é usada para legitimar as conquistas.

Se a Igreja estava perdendo terreno no Velho Mundo, ela adquire amplos territórios de missão em terras além-mar. Com os estados ibéricos, a Santa Sé chega a fazer acordos de mútua colaboração. Aliás, tanto Portugal como Espanha consideram-se a si mesmos como países eminentemente católicos e privilegiados com uma específica missão messiânica: expandir a religião cristã por toda parte! A propagação da fé faz-se mediante a conquista, prática aprendida durante a luta de sete séculos contra o islã na própria Península Ibérica (711-1492). Assim, a evangelização, para portugueses e espanhóis, torna-se uma "cruzada santa", uma verdadeira militância cristã. Cruz e espada andam juntas para "converter os pagãos".

O regime que regula o relacionamento Igreja-Estado é conhecido na história como "padroado", isto é, a tutela do Estado sobre a Igreja nas colônias portuguesas e espanholas, mediante uma explícita concessão do Papa ("bulas de cruzada"). Dessa forma, os governos metropolitanos de Lisboa e Madri comprometem-se a proteger a "verdadeira religião", com a provisão e sustentação de seus ministros ("côngrua"= salário do clero pago pelo governo civil). Igualmente, o governo tem o direito de "cobrar dízimos" e controlar, até nos mínimos detalhes, a vida interna da Igreja. Na realidade, o chefe civil exerce a função do Papa nas respectivas colônias ibéricas. Só com o tempo perceber-se-ão com maior clareza os grandes perigos de semelhante proteção. A Igreja, através do padroado, é instrumentalizada e impedida de cumprir, com liberdade, sua principal missão, que é evangelizar.

Sofre, particularmente, a dimensão profética do anúncio da Boa-Nova, que inclui a denúncia de tudo o que se opõe à realização do Reino.

A fim de oferecer um contrapeso aos efeitos negativos do padroado e coordenar mais diretamente as atividades missionárias em nível internacional, é fundada, em Roma, a Congregação da *Propaganda Fide* (1622). Em Paris, na mesma época, surge a "Sociedade das Missões Estrangeiras" (1651), tendo como um dos seus principais objetivos a preparação de missionários a serem enviados para as regiões sob a jurisdição da *Propaganda*. Interessante tomar conhecimento das orientações bastante avançadas da Congregação para a Propaganda da Fé, especialmente durante a gestão do seu secretário Francisco Ingoli († 1649). Insiste-se num respeitoso diálogo com as culturas locais, incentivando o que hoje chamamos de "inculturação". Essas instruções inovadoras batem frontalmente com os interesses dos colonizadores, que vêem nisso uma violação do regime do padroado.

A divisão do mundo entre Portugal e Espanha, por obra de Alexandre VI (1492-1503), com a bula *Inter coetera* (1493), não agradou aos lusitanos, que exigiram uma correção da linha demarcatória (Tratado de Tordesilhas, 1494), incluindo no seu domínio parte do território do atual Brasil. Serão os portugueses que darão início à implantação da Igreja em seus entrepostos comerciais ao longo da costa africana, mas sobretudo nas Índias, onde Goa é elevada à categoria de arquidiocese já em 1558. Tornar-se-á o grande centro missionário para todo o Oriente. Nas crônicas da evangelização dessas regiões, aparece, sempre, o nome do jesuíta Francisco Xavier (1506-1552), que chega a Goa no ano de 1543. Desenvolve um intenso apostolado nas Índias, na Península da Malaca, nas ilhas Molucas e no Japão, morrendo com apenas 45 anos, totalmente exausto, na ilha de Sancian, a poucos quilômetros da China, perto de Hong-Kong. Nada o detinha na sua ânsia de conquistar para Cristo o maior número possível de almas!

A obra missionária da Companhia de Jesus (fundada em 1534 por santo Inácio de Loyola) no Oriente tem aspectos surpreendentes no que diz respeito à adaptação cultural de seus religiosos. Destacamos, aqui, os jesuítas Roberto de Nóbili (1577-1656) e seu confrade João de Brito, que se inserem no meio dos brâmanes para poder evangelizar essa casta superior do hinduísmo. O ajeitamento à cultura religiosa dos hindus entra na história com o nome de "ritos malabáricos". Na China atuam, com notável sucesso, os inacianos Mateus Ricci (1552-1660), João Adão Schall (1591-1666) e Ferdinand Verbiest (1623-1688). Gozam de grande prestígio como cientistas e, nessa qualidade, têm acesso às mais altas instâncias do Império Chinês. Todos procuram, o máximo possível, adaptar-se à cultura local. Aliás, era esta a diretriz dada pelo visitador da Companhia de Jesus, padre Alexandre Valignano (1539-1606): aprender logo a língua do país para não depender de intérpretes; abrir-se ao modo de pensar, sentir e expressar dos chineses, especialmente em relação aos homens da ciência; respeitar costumes e ritos religiosos que não se opunham, diretamente, à fé cristã.

Todo esse imenso esforço de inculturação foi por água abaixo com a oposição de missionários de outras ordens. As denúncias feitas em Roma contra os jesuítas resultam em medidas contraditórias por parte da Santa Sé. Desastrosa é a atitude do enviado especial do Papa para examinar, no próprio local, o conflito em questão. Uma categórica condenação romana não demora. Com a bula *Ex quo singulari*, de 1742, Bento XIV rejeita os "ritos chineses", e assim terminou, melancolicamente, uma promissora experiência missionária, com enormes conseqüências para o futuro da evangelização no Extremo Oriente. Procedimento idêntico as autoridades romanas adotaram em relação às missões nas Índias.

Na América Latina, via de regra, não foram respeitadas as culturas dos habitantes originais do continente (erroneamente chamados de "índios"). Na realidade, há uma simples transplantação de modelos europeus. Missionários e colonizadores agem em conjunto para criar uma nova cristandade, inteiramente dependente dos interesses das respectivas metrópoles. A Igreja nessas regiões é domesticada e a catequese (como se chamava a cristianização dos povos nativos) serve, muitas vezes, para dominar e europeizar a população original. O único e derradeiro objetivo dos colonizadores brancos é a exploração da terra, dentro da lógica do capitalismo comercial então em franca ascensão. Nesse contexto, deve ser situada a prática da escravidão, primeiro dos indígenas e depois, quando isso não produz os resultados esperados, de africanos importados como mão-de-obra. A Igreja oficial mantém-se, em boa parte, omissa. Mas houve, sem dúvida, vozes proféticas em prol, principalmente, da libertação dos indígenas, como as da comunidade dos dominicanos da Ilha de Hispañola (Santo Domingo). Entre esses religiosos se destaca Antônio de Montesinos, que, em 1511, pronuncia seu famoso sermão contra a exploração dos índios. Ao lado dele, encontramos seu confrade dominicano, Bartolomeu de Las Casas (1474-1566), inicialmente colonizador e proprietário de escravos indígenas. Após sua conversão, torna-se o grande defensor da população nativa, levando a sua causa até as mais altas instâncias do reino, em Madri. No Brasil, podemos recordar a figura de padre Antônio Vieira, sj (1608-1697), nem sempre totalmente coerente em suas posições. Quanto à escravização dos negros africanos, a Igreja cercou-se de um incômodo silêncio, quase conivência. São relativamente poucos os eclesiásticos que de maneira profética se opuseram a esse tipo de exploração vergonhosa, mas existem, e aqui devemos mencionar, em especial, o nome de são Pedro Claver, sj (1581-1654), cognominado "o Apóstolo dos Negros".

Ponto significativo na defesa dos índios são as reduções jesuíticas, ou aldeamentos de aborígenes sob a direção e tutela dos inacianos, tendo como principal finalidade subtraí-los à cobiça dos colonizadores. As mais famosas, embora não únicas, são as "reduções do Paraguai" (século XVIII), que abrangem os "Sete Povos das Missões", em parte no atual território brasileiro (Rio Grande do Sul). Os resultados dessa experiência missionária, apesar das nobres intenções dos religiosos, são ambíguos. A superproteção dos índios, inteiramente colocados sob a ação paternalista dos missionários — com o intento de salvá-los da ganância dos exploradores brancos —, contribuiu para a perda da identidade cultural dos indígenas. Além disso, sua domesticação açulou ainda mais a ambição dos escravizadores, como mostram as expedições de paulistas, apresadores de "índios mansos" a serem vendidos como escravos em São Paulo (primeira metade do século XVII). A execução do tratado de Madri (1750), com a troca de territórios entre Portugal e Espanha, incluindo as terras das reduções jesuíticas, teve como efeito a desarticulação da imensa obra dos missionários, completada, pouco depois, com a expulsão da Companhia de Jesus de todos os territórios portugueses (1759).

Não obstante as indiscutíveis limitações das missões católicas no período da história Moderna, entre as quais ressalta o compromisso com os Estados colonizadores por parte da Igreja, não podemos simplesmente deixar de lado o enorme potencial de heroísmo e zelo apostólico de muitíssimos missionários, especialmente religiosos. Não mediam esforços para divulgar a Boa-Nova do Reino em terras e culturas tão diferentes das da Europa. São milhares os arautos do Evangelho cujos nomes se perdem no passado. As sementes por eles lançadas em terras longínquas teriam frutos abundantes, normalmente, só depois de sua partida ou morte. A quem cabe o julgamento sobre o valor real dessas obras senão a Deus, que sonda o íntimo dos corações? Por certo, não é correto, nem honesto, avaliar, unicamente, com critérios de hoje a ação missionária de ontem. Mas isso não impede de apontarmos de modo objetivo as falhas e omissões da evangelização naqueles tempos, entre as quais o espírito muitas vezes por demais ocidental e nacionalista dos missionários; a suposta superioridade da raça branca com sua cultura européia (etnocentrismo); o escasso interesse para formar-se um clero nativo nas terras das missões, junto com formas de *vida consagrada* adequadas para aquelas realidades. Lamentável tem sido a mentalidade guerreira que tomou conta dos colonizadores ibéricos, particularmente nas terras americanas, causando grandes males à causa da evangelização. Até hoje, a América Latina carrega as conseqüências de uma cristianização que, ao longo do período colonial, pouco respeitou a índole desses povos e suas tradições culturais.

3. RADICALIZAÇÕES NO CATOLICISMO

No período que se segue à Reforma Protestante e ao Concílio de Trento, assistimos a um endurecimento de posições em campos confessionais opostos. Entramos, de fato, na época sangrenta e intolerante das "guerras religiosas". Símbolo da intransigência e crueldade é a "Noite de São Bartolomeu" (1572), quando um grupo numeroso de calvinistas ("huguenotes") é barbaramente assassinado em Paris. A "Guerra dos Trinta Anos" (1618-1648) dilacera a Europa em contínuas lutas entre facções religiosas. Interesses confessionais misturam-se com elementos políticos e econômicos. O resultado é uma completa polarização, que afasta qualquer entendimento ou aproximação. No decurso dos anos, entretanto, o cansaço faz-se sentir e crescem as interrogações sobre a utilidade dessas intermináveis hostilidades em nome da fé. A Paz de Westfália (1648) concede a todos os protestantes liberdade religiosa e igualdade de direitos. Cinqüenta anos antes, o Edito de Nantes (1598) havia outorgado o mesmo aos calvinistas da França (acordo que depois será revogado, a favor dos católicos, em 1685). Desconfiança e intolerância envenenam as relações entre católicos e evangélicos, situação que se arrasta por séculos.

As lutas fraticidas e as divisões internas preparam o terreno para governos fortes e centralizados. Consolida-se o que os historiadores chamam de absolutismo monárquico, junto com o fortalecimento do Estado nacional. O rei Luís XIV (1643-1715) é um representante típico desse regime: "L'État c'est moi" (= Eu mesmo sou o Estado!). Tem como ideal: "Um só rei, uma só lei, uma só fé". Procura-se dar um embasamento teológico às pretensões absolutistas, mediante a teoria do *droit divin* (direito divino): a autoridade monárquica proviria diretamente de Deus. Assim, o rei não precisa dar satisfação a ninguém sobre a sua administração. Compreende-se, facilmente, que, dentro dessa mentalidade, o Estado reivindica seus direitos "inalienáveis" sobre a Igreja. A religião tem utilidade pelo fato de ser um mecanismo legitimador do poder monárquico e fator não desprezível para manter a unidade do reino. Pregando as virtudes de respeito pela "autoridade estabelecida" e submissão aos dirigentes governamentais, a Igreja tem seu espaço garantido, mas sempre na dependência dos favores reais. Na França, tal modelo já vinha evoluindo havia muito tempo. Recordamos a Pragmática Sanção de Bourges, de 1483, que codificava as "liberdades galicanas". Será Jacques Bénigne Bossuet (1627-1704), bispo de Meaux (desde 1681), um estimado orador sacro, que formulará os famosos quatro artigos galicanos de 1682, contendo uma clara reafirmação e fortalecimento dos direitos do rei sobre a Igreja, não sem referência à teoria conciliarista do Concílio de Constança (1414-1418).

Todo esse processo resulta no chamado galicanismo, desenvolvido em duas modalidades: galicanismo eclesiástico (deslocamento do poder pontifício para os bispos diocesanos) e galicanismo político (intervenção direta do poder civil em questões eclesiásticas). Na realidade, ambas as formas se entrelaçam e criam a figura de uma Igreja inteiramente sujeita ao monarca. Assim, o chefe de Estado atribui a si o direito de prover cargos eclesiásticos; de vetar a publicação de documentos emanados da Santa Sé; de aceitar e julgar reclamações por parte de membros do clero descontentes com seus superiores religiosos, e ainda várias outras reivindicações. Interessante notar que no galicanismo temos uma nítida "usurpação" (apropriação pela força) dos direitos eclesiásticos, enquanto o padroado (ibérico) trata-se de uma "concessão" por parte do Pontífice Romano. Mas, no fundo, ambos os sistemas têm os mesmos mecanismos de funcionamento e resultados quase idênticos: uma Igreja a serviço do Estado, colocada sob seu controle e sem liberdade para dedicar-se à sua missão fundamental de evangelização.

Na Alemanha, o galicanismo terá seu equivalente no "febronianismo", defendido pelo bispo coadjutor de Tréveris, Nicolau Hontheim (1701-1790), que publicou, em 1763, sob o pseudômio "Justinus Febronius", um tratado a respeito desse assunto. Nele, reconhece ao Papa apenas uma função honorífica, sendo, na realidade, uma espécie de delegado e executor do Concílio, assembléia autônoma dos bispos vista como o órgão supremo de direção eclesiástica.

Na Áustria, as teses galicanas repercutem e especificam-se no chamado "josefismo", regime desenvolvido nos governos de Maria Teresa (1740-1780) e, depois, de seu filho José II (1780-1790). Pretende-se criar uma Igreja Católica nacionalista e fortemente anti-romana.

As idéias galicanas terão aplicação no Novo Mundo, particularmente no Brasil, onde encontram terreno já preparado pela vigência secular do padroado. Por meio da política centralizadora e laicizante do marquês de Pombal, Sebastião José de Melo (1699-1782), primeiro-ministro do rei de Portugal, José I (1750-1777), e também mediante o casamento de dom Pedro I (1798-1834) com a filha do imperador austríaco Francisco II (1768-1835), Maria Leopoldina Josefa de Habsburgo-Lorena (1797-1826), princípios e práticas do galicanismo europeu penetram no Brasil, e terão larga difusão sobretudo após a independência política da ex-colônia lusa (regalismo imperial brasileiro).

Se o galicanismo representa uma radicalização no catolicismo do ponto de vista externo (político), o jansenismo pode ser entendido como uma radicalização do ponto de vista interno (eclesiástico). Constata-se que em alguns pontos os dois fenômenos se cruzam e interpenetram.

O jansenismo constitui uma realidade complexa na Igreja do século XVII. Suas origens estão no debate teológico sobre a relação entre a graça divina e a livre colaboração do ser humano na sua salvação, problemática central na época da Reforma Protestante. O nome do movimento prende-se à figura de Jansen (Cornélio Jansen, 1585-1638), professor de teologia e depois bispo. Após sua morte, amigos publicam num livro, que intitulam *Augustinus*, suas idéias sobre a exclusividade da graça. Profundamente ligado ao pensamento de Jansen está o clérigo francês Jean Duvergier de Hauranne (1581-1641), mais conhecido como Saint-Cyran (do mosteiro deste nome, do qual era beneficiário). Se Jansen é o teórico do jansenismo (movimento que, aliás, não foi fundado por ele!), Saint-Cyran pode ser visto como seu divulgador, aquele que tira as conseqüências práticas das teses. Mas o grande centro de irradiação da mentalidade e da espiritualidade do jansenismo será a abadia das monjas cistercienses de Port-Royal, nas vizinhanças de

Paris. Junto a esse mosteiro feminino se estabelece um grupo de homens de grande reputação religiosa e social, "os Solitários", entre os quais Antoine Arnauld (1612-1694), irmão da abadessa Angélica, e Blaise Pascal (1623-1662), o famoso matemático, físico e filósofo.

Qual é, concretamente, o segredo da extraordinária atração do jansenismo? O movimento apresenta-se, na Igreja e na sociedade em geral, como uma volta ao genuíno cristianismo, à pureza do Evangelho, a uma Igreja "verdadeira", não maculada com o espírito mundano. Na sua manifestação dogmática, tem, relativamente, poucos adeptos, mas a influência na espiritualidade e, mais ainda, no campo moral, é enorme. Propaga um estilo de vida cristã marcado pela disciplina e pela mortificação, um comportamento só compatível com "espíritos fortes". Para os fracos e pecadores, de fato, não há espaço no jansenismo, assumindo, assim, de modo claro, o aspecto de uma Igreja-elite, composta de cristãos do "caminho estreito" (Mt 7,13), os predestinados de Deus. Com essa sua posição, fere, profundamente, uma das dimensões essenciais do cristianismo, ou seja, sua catolicidade, no sentido de uma comunidade de fé aberta a todos e na qual são acolhidos, com amor predileto, os pobres, pequenos, fracos e pecadores (cf. Mt 9,13).

A Igreja oficial reagiu ao veneno jansenista com vários documentos pontifícios, que, na realidade, tiveram escassa eficácia. A esperteza dos jansenistas e de seus fautores fez com que contornassem, cada vez mais, as condenações romanas. Somente a bula *Unigenitus* (1713), de Clemente XI (1700-1721), conseguiu colocar um ponto final ao jansenismo histórico. Seu espírito, entretanto, ainda por longos anos, seria ativo na Igreja, atingindo, particularmente, a formação do clero e de religiosos(as). Mas se fez igualmente presente na vida cristã comum, sobretudo na área da sexualidade, com seus inúmeros e descabidos tabus, e nas condições absurdas exigidas do fiel para aproximar-se da comunhão eucarística.

Na sua fase final, o jansenismo encosta no galicanismo, quando começa a buscar apoio junto aos bispos locais contra Roma. Na Holanda, provocou um cisma (1724) conhecido como "a Igreja de Utrecht", iniciada com a sagração episcopal, não autorizada, de Cornélio Steenhoven feita por um bispo missionário francês suspenso por Roma devido à sua negação de subscrever o conteúdo da bula *Unigenitus*. Da união dessa Igreja jansenista com um grupo de católicos alemães dissidentes (por não aceitar o dogma da infalibilidade papal do Concílio Vaticano I, 1870) nasceu, em 1889, a Igreja dos Vétero-Católicos (União de Utrecht).

O balanço final do jansenismo é diversificado. Não podemos negar os pontos positivos que o movimento levantou: uma maior qualificação evangélica do catolicismo; uma participação mais ativa dos leigos na vida da Igreja; uma liturgia mais vivencial e próxima do povo; uma grande reverência ao Transcendente. Mas os pontos negativos prevalecem sobre os anteriores. Entre esses devem ser lembrados: o elitismo jansenista; o cultivo da indignidade dos fiéis em relação aos sacramentos, provocando medo e distanciamento, especialmente em relação à eucaristia; uma religiosidade por demais exigente e quase inacessível para o cristão comum, além de atitudes pouco leais para com a hierarquia eclesiástica.

4. FÉ E RAZÃO EM CONFLITO

O século XVIII é chamado de "Século das Luzes" ou a época do Iluminismo (*Aufklärung*). O processo de valorização e exaltação do ser humano, que começou no século XVI (humanismo), aprofunda-se agora. O ser humano torna-se plenamente confiante nas próprias capacidades criativas e autodeterminantes. Descobre as potencialidades ilimitadas da razão, o que lhe dá a sensação de poder dominar por completo a natureza e colocá-la a seu dispor. A subjetividade é supervalorizada, enquanto a autoridade externa, desacreditada. O que vale, de fato, é a própria experiência e a verificação pessoal da verdade.

Com ceticismo, são encaradas as querelas intermináveis sobre questões religiosas. Chega-se à conclusão de que só contribuem para dividir os seres humanos e criar um clima de hostilidade. Surge a pergunta indeclinável: afinal de contas, que é, realmente, importante na vida? Onde devemos procurar uma verdade que permanece? Os institutos eclesiásticos já não oferecem solução satisfatória a essas interrogações e inquietudes existenciais. Em boa parte, perderam a credibilidade pública por causa de seus tácitos compromissos com interesses alheios ao Evangelho.

É na Inglaterra que encontramos o que se convencionou chamar de "livre-pensadores". Um representante típico, Anthony Collins (1676-1729), defende que nada deve impedir o vôo livre da própria inteligência e da capacidade de experimentar, pessoalmente, a verdade das coisas. No contexto do racionalismo britânico, nasce a organização que cultiva, expressamente, tal mentalidade e a propagará pelos tempos: a maçonaria, iniciada, oficialmente, em Londres no ano de 1717. Nas suas constituições, elaboradas pelo pastor presbiteriano James Anderson, em 1723, são elencados os princípios básicos da maçonaria regular, que incluem a obrigatoriedade da crença no "Grande Arquiteto do Universo". Não se trata, propriamente, de uma nova religião, mas de um estilo de ser humano que cultiva valores tipicamente iluministas: a capacidade que o ser humano tem de poder aperfeiçoar-se até o infinito; a bondade natural das criaturas; a tolerância como base da convivência social; a honestidade e espírito fraterno no inter-relacionamento. Ao lado da maçonaria original ou "ortodoxa", surgem outras interpretações maçônicas que, na realidade, se desviam dos princípios básicos (*landmarks*) de 1723 e, por isso, são consideradas "irregulares" ou "heterodoxas" pela maçonaria britânica.

As autoridades eclesiásticas travam uma guerra sem tréguas com a maçonaria, condenando-a freqüentes vezes em documentos pontifícios. O ponto fulcral do conflito é o suposto relativismo religioso propagado pela sociedade maçônica.

Da Inglaterra o Iluminismo passa para o continente e, na França, recrudesce e radicaliza-se. Figuras de grande projeção social e política, como Montesquieu (1688-1755), Voltaire (1694-1778) e Rousseau (1712-1778), assimilam seu espírito. Todos criticam, acerbamente, as estruturas opressivas de seu país e o regime anacrônico do absolutismo monárquico. Propõem mudanças radicais para que a humanidade possa progredir de verdade e tornar-se dona de seu próprio destino. Para que isso aconteça, deve ser garantida, antes de tudo, a liberdade. Um grande empecilho no caminho a uma sociedade nova, livre e progressista constitui o que se considera a "obsoleta instituição eclesiástica". É a Igreja, na opinião desses *philosophes*, que mantém a humanidade num estágio de infantilidade e de total dependência. Aliada do *Ancien Régime* (o antigo regime da monarquia absolutista), ela é o maior obstáculo para uma evolução "racional" da sociedade e tudo deve ser feito para neutralizar sua influência. Sobretudo François Marie Arouet, dito Voltaire, empreende um combate sistemático à Igreja Católica, ridicularizando-a em seus numerosos escritos. Revela um ódio irrefreável aos jesuítas, vistos como os representantes mais perigosos da "grande infame" (a Igreja institucional). Se examinarmos a questão mais a fundo, perceberemos que esses pensadores não atacam o cristianismo em si e, muito menos, o Evangelho ou a pessoa de Jesus Cristo, mas uma concretização histórica da religião cristã, ou seja, a cristandade, corporificada na aliança dos dois poderes que, juntos, pretendem "reger a sociedade".

Deísmo é o termo que indica a idéia de uma "religião natural", difundida pelos iluministas. Temos, aqui, uma concepção a-dogmática, na qual aparece um conceito de Deus aceitável por todos. Um ser divino racionalizado pelo ser humano e à sua medida. Não há, nessa visão, necessidade de uma revelação sobrenatural e a encarnação do Filho de Deus torna-se supérflua. Em suma: cria-se um deus que não faz mal a ninguém, um ser supremo que um dia pôs em funcionamento sua obra (o "Dieu-reloger" de Voltaire) e depois se retirou, deixando ao ser humano a inteira gerência de seu empreendimento. O ser humano deve descobrir as leis que determinam a evolução do universo para, assim, poder colocar a natureza sob o seu domínio.

A aplicação dos princípios básicos do Iluminismo terá lugar no magno evento da época que muda o rumo do Ocidente, sendo um verdadeiro divisor de águas entre dois períodos: a Revolução Francesa (1789).

Obviamente, a "Grande Revolução" não veio como cometa em céu claro. Tendo sido gestada no espírito iluminista, encontrou terreno fértil no generalizado descontentamento do povo comum (o "terceiro estado"), sobrecarregado de impostos e sem poder participar, efetivamente, dos destinos da nação. Critica-se sem rodeios o sistema de "castas sociais", baseado, unicamente, em privilégios. Com o apoio do "baixo clero" (padres inseridos na dura realidade do povo), as classes exploradas e oprimidas da sociedade francesa fazem sentir sua força persuasiva, exigindo mudanças radicais. Em relativamente pouco tempo, é conseguida a abolição de todas as prerrogativas do antigo regime e proclamada a famosa *Declaração dos Direitos do Homem e do Cidadão* (26.8.1789). É nesse documento-base que, pela primeira vez na história, se encontram, solenemente formulados, os inalienáveis princípios de defesa do ser humano. Reza o artigo 1º: "Os homens nascem e conservam-se livres e iguais em seus direitos; as distinções sociais só podem fundar-se na utilidade do bem comum".

QUADRO 9: A IGREJA NA REVOLUÇÃO FRANCESA E NA ÉPOCA NAPOLEÔNICA

1789	(14 de julho) — tomada da Bastilha (presídio político)
	(2 de novembro) — secularização dos bens da Igreja
1790	(13 de fevereiro) — supressão dos conventos de religiosos
	(12 de julho) — a "Constituição civil do Clero": organização estatal da Igreja
1791	(13 de abril) — papa Pio VI (1775-1799) condena oficialmente a "Constituição civil do Clero": ruptura entre Roma e a Revolução
1792	(2 a 5 de setembro) — os massacres de Paris (numerosos sacerdotes, religiosos e leigos)
1793	(21 de janeiro) — decapitação do Rei Luís XVI (1774-1793)
	(20 de novembro) — o culto à "deusa da Razão", em Paris
1794	(8 de maio) — culto do "Ser Supremo"
1795	(21 de fevereiro) — separação entre Igreja e Estado na França
1799-1804	Napoleão, primeiro cônsul
1799	(29 de agosto) — morte de Pio VI no exílio (Valença)
1801	(15 de julho) — concordata de Napoleão com a Santa Sé
1802	(18 de abril) — os "Artigos Orgânicos" de Napoleão: interpretação restritiva da concordata do ano anterior
1804	(2 de dezembro) — Napoleão, imperador dos franceses
1809	(17 de maio) — anexação do Estado Pontifício ao território da França
	(noite de 5 para 6 de julho) — prisão e deportação de Pio VII (1800-1823) para Savona, na Ligúria
1813	(25 de janeiro) — concordata de Fonteainebleau
1814	(11 de abril) — abdicação de Napoleão (+ 5-5-1821)
	(24 de maio) — retorno de Pio VII a Roma
1815	Congresso de Viena: a "Santa Aliança". Restauração política do Estado Pontifício

A Igreja hierárquica, muito ligada às classes superiores e declarada defensora da monarquia, sofre, imediatamente, as conseqüências das reivindicações sociais por parte das "camadas inferiores". Em 1790, a Assembléia Nacional decreta a secularização dos bens eclesiásticos, que passam a fazer parte do patrimônio do Estado. Exige-se do clero o juramento de fidelidade ao novo regime. A Igreja na França divide-se logo em clero "jurado" e clero "refratário" (fiel a Roma). Em 1793, começa a fase mais sangrenta da Revolução ("o Terror") com o massacre de eclesiásticos. Esse episódio deixa um profundo trauma entre os católicos da época e seus efeitos psicológicos perduram por longos anos. Em ambiente católico, tudo o que cheira, doravante, a "revolução" ou inversão da ordem estabelecida será interpretado como derrubada dos "eternos valores" e uma ameaça à estabilidade da Igreja e da própria sociedade. A decapitação do rei Luís XVI, em 21 de janeiro de 1793, é vista como um ato sacrílego, uma verdadeira blasfêmia contra o ungido do Senhor! Na realidade, a eliminação da monarquia, símbolo de um regime opressivo, é sinal eloqüente de que um período histórico chegava ao fim.

Quem se beneficia, efetivamente, da obra revolucionária não é o povo "oprimido", mas a burguesia, os grupos sociais emergentes, que hoje correspondem, *grosso modo*, à classe média. Os populares ficam à margem dos acontecimentos e formarão, no futuro próximo, o novo contingente de proletários.

Não podemos desconhecer que a Revolução Francesa contém um fundo de autênticos valores, em si perfeitamente conciliáveis com o programa evangélico do reino, objeto central da pregação cristã. Mas o que escandalizava sobremaneira os católicos de então era a inspiração *a*-religiosa ou mesmo nitidamente anticristã que estava por trás das reivindicações e bruscas mudanças. O que se tornava realmente inaceitável para a Igreja naqueles dias era o laicismo que transpirava nos atos e realizações dos revolucionários. Por isso a ferrenha oposição e constante luta das autoridades eclesiásticas contra os fautores do novo regime. A turbulência revolucionária, com sua seqüela de violências, impede os católicos de poder discernir, com mais objetividade, o que era permanente e o que se apresentava apenas como contingente nos acontecimentos de 1789. O catolicismo, na passagem do século XVIII para o século XIX, será marcado por posições de defesa expressas em atitudes cada vez mais intransigentes e negativistas com relação aos "novos tempos". Quando — após o intervalo político de Napoleão Bonaparte (1799-1813) — houve, no Congresso de Viena (1815), tentativas de restaurar o passado e de apagar a herança da "Grande Revolução", a Igreja apoiou essa iniciativa da "Santa Aliança", aliando-se aos conservadores. Mas a história ensina que nunca se recompõem com sucesso modelos do passado. "Vinho novo em odres novos" (Mt 9,17), recomenda o Evangelho. O grande drama da Igreja no período pós-revolucionário foi ter-se fechado em estruturas que definitivamente foram superadas. E isso será o eterno desafio para o cristianismo: captar os sinais dos tempos e responder, com criatividade evangélica e coragem profética, aos apelos que o Espírito nos faz, por meio das inevitáveis e necessárias mudanças culturais.

5. NOVAS FORMAS DE SANTIDADE

História da Igreja não é, em primeiro lugar, nem principalmente, o estudo de uma instituição e de seus representantes oficiais, mas, sobretudo, a história viva de um povo que caminha nas estradas do mundo, testemunhando sua fé nas circunstâncias ordinárias da existência. A santidade cristã é exatamente isso: viver plenamente a Boa-Nova do Evangelho pela força transformadora do Espírito, que age na caridade. Exige uma atitude de constante conversão e disponibilidade à graça de Deus na vida da própria pessoa e da Igreja, comunidade à qual pertence o batizado na qualidade de membro consciente e responsável.

Na transição da Idade Média para a Idade Moderna, encontramos na sociedade uma profunda sede de Deus, no sentido de intensa busca de "refontizar" o próprio cristianismo. Nesse contexto, situa-se o movimento espiritual de interiorização cristocêntrica, conhecido como "Devoção Moderna", de que falamos anteriormente. De tal fonte comum bebem grandes personagens que influenciaram a vivência religiosa nesse período, como Erasmo, Lutero, Inácio de Loyola e Teresa d'Ávila. Os humanistas cristãos, seguidos pelos grandes reformadores protestantes, recolocam no centro da experiência cristã o contato vital com a Sagrada Escritura e com os Padres da Igreja (a patrística), aqueles teólogos e pastores dos primeiros séculos que explicitaram o que é ser-cristão dentro de uma realidade concreta. Merece destaque o apelo de Lutero a uma vivência mais pessoal da fé, menos formalista ou presa a devoções, e mais voltada ao essencial, que é Cristo. Há, nisso tudo — como, aliás, mostra a posterior evolução do protestantismo —, o perigo de uma fé por demais subjetivista, voltada quase que exclusivamente para o indivíduo que cultiva o "seu" Deus. Por outro lado, a insistência na autenticidade e na simplicidade, com um voltar àquilo que é constitutivo no cristianismo, é, por si, altamente significativo e realmente imprescindível. O Concílio de Trento (1545-1563) enfatizou a eclesialidade da fé cristã: vive-se o Evangelho e o seguimento de Cristo na comunidade "daqueles que crêem", na Igreja. A existência de um cristão possui, necessariamente, uma dimensão eclesial, por expressa vontade do próprio Cristo. O realce do comunitário é sumamente importante para manter-se um justo equilíbrio no ser-cristão. Interessante perceber como os protagonistas do humanismo — entre eles os já citados Erasmo de Rotterdam e Tomás More — e os representantes mais ilustres do protestantismo — como Lutero e Calvino — são homens de Igreja. Não o são acriticamente e, às vezes, posicionam-se em franca oposição àquilo que consideram desvio e deturpação da verdade do Evangelho, mas nunca perdem de vista a dimensão eclesial da fé.

A busca de uma vivência mais pessoal da religião — por meio da união íntima com Cristo e um grande amor à Igreja como comunidade de fé — aparece com força em novas formas de *vida consagrada* que surgem na Idade Moderna. Destacam-se, aqui, os clérigos regulares, ou seja, sacerdotes-religiosos que vivem em comunidade apostólica (sob uma regra) a serviço da Igreja. Não são monges nem mendicantes, mas sim homens apostólicos com total disponibilidade para os novos campos de apostolado abertos nessa época: missões extra-européias, mas também missões populares no Velho Mundo; educação e ensino da juventude nos diversos níveis; serviços sociais, particularmente entre os enfermos; encargos paroquiais de sacerdotes chamados, naquele tempo, com o nome de "cura d'almas". A primeira *família religiosa* fundada nesse espírito é a dos Teatinos (1524), mas será a Companhia de Jesus, iniciada por santo Inácio de Loyola (1540), que mais desenvolverá essa nova modalidade de *vida religiosa*. Os clérigos regulares, incorporando alguns leigos na qualidade de "colaboradores" (os "irmãos"), caracterizam-se por uma grande mobilidade. Adotam uma organização centralizadora, a fim de coordenar com maior eficácia os serviços apostólicos de seus membros. Ao lado desses "novos religiosos", devem ser lembradas as associações de leigos, como, por exemplo, a do "Divino Amor". Original, sob muitos aspetos, é o movimento suscitado por Filipe Néri (1515-1595), conhecido como o "Oratório". A partir de uma intensa experiência de Deus, seus integrantes (os oratorianos, sacerdotes seculares, congregados num ideal comum, mas sem votos jurídicos) se dedicam alegremente, "movidos unicamente pelo amor divino", a obras de misericórdia e atividades pastorais. Em todas essas novas fundações, seja de clérigos, seja de leigos, ou mesmo associações "mistas", percebemos um grande zelo apostólico, uma irrefreável vontade de anunciar a Boa-Nova de Jesus e de renovar a vida cristã por meio de um declarado compromisso com o Evangelho. Sobre a extraordinária expansão missionária em terras recém-descobertas, já aludimos em páginas anteriores.

Não só aparecem novos institutos religiosos, como também há todo um esforço para restaurar o espírito original das antigas ordens. Fala-se de um retorno à "estrita observância". Exemplo típico desse movimento é a Ordem do Carmo, revitalizada por esta mulher absolutamente singular na história moderna, Teresa d'Ávila (1515-1582). Recoloca no centro da consagração religiosa a permanente busca de Deus, a vida interior, tendo em vista uma íntima comunhão com o Senhor, fonte da verdadeira fecundidade apostólica. Junto com João da Cruz (1542-1591), ela empreende uma profunda reforma do Carmelo, dando origem às(aos) carmelitas descalças(os), na realidade uma nova ordem, reconhecida pela Santa Sé em 1580. Também franciscanos (capuchinhos, 1525) e agostinianos serão reformados, o que causa a divisão dessas ordens em dois ramos: o da "antiga" e o da "nova" observância.

O período moderno dá à Igreja santos e santas de grande envergadura. Fazer uma escolha parece até temerário. Há, no entanto, duas figuras que se projetam pela representatividade que têm. Francisco de Salles (1567-1622) é o santo humanista por excelência. Entende seu tempo com os incomuns desafios que o momento histórico traz para o cristianismo. Tendo a seu lado Joana Francisca de Chantal (1572-1641), busca uma nova modalidade de *vida consagrada* feminina: as visitandinas. A própria denominação já indica seu propósito: servir, em nome da Igreja, aos pobres e doentes. A autoridade eclesiástica, entretanto, impõe a clausura, e assim faz abortar o projeto original. Amigo de Francisco de Salles é seu conterrâneo Vicente de Paulo (1581-1660). Entre os dois há uma surpreendente sintonia humana e espiritual. Vicente, que aspirava a uma lucrativa carreira na Igreja, é tocado por Deus — sua "conversão", como ele mesmo diz — quando se confronta com a miséria material e espiritual de camponeses abandonados à própria sorte, e isso num período que os franceses classificam como " Século de Ouro". Muda, radicalmente, de vida, tornando-se o santo da caridade. Quer "organizar" a caridade, indo além de uma ação ocasional ou emergencial, a fim de que sejam atendidos, de forma permanente, "os menores entre os irmãos de Jesus" (Mt 25,40). Vendo a situação precária do clero de seus dias, preocupa-se, igualmente, com a formação dos presbíteros. Para dar continuidade a seus ideais apostólicos, funda a Congregação da Missão (Lazaristas, nome ligado ao antigo priorado de São Lázaro, a primeira casa do grupo, em Paris), em 1625, e a Companhia das Filhas da Caridade (1633), com a indispensável colaboração de Luísa de Marillac (1591-1660), dedica-da, diretamente, ao serviço dos mais pobres. Para escapar às normas canô-nicas sobre mulheres consagradas, emprega toda sua criatividade, dando à sua nova fundação um original estatuto jurídico. Também leigos (e sobre-tudo leigas) são associados(as) à grande obra vicentina. Vicente de Paulo é, nos tempos modernos, eminentemente, o "santo da Misericórdia". Com a centralidade que concede à compaixão, vai diretamente ao coração do Evangelho e, nesse sentido, mantém perene atualidade na história da Igreja.

O esfriamento da espiritualidade católica, causado pelas influências ri-goristas do jansenismo e, posteriormente, pelos efeitos do racionalismo iluminista, não impede que, no seio do cristianismo, surjam sinais de aviva-mento religioso, que valorizam o coração. Tanto no protestantismo como no catolicismo, vemos aflorar expressões de amor incondicional à pessoa de Jesus e à sua obra salvífica. Vem à mente, nesse momento, a imortal obra de música sacra do grande alemão e compositor luterano, Johann Sebastian Bach (1685-1750). Insuperáveis são suas "cantatas", hoje em boa parte re-cuperadas do esquecimento. As letras dessas composições religiosas (cuja autoria, na realidade, é de outros) refletem bem o espírito intimista da época e o valor atribuído aos sentimentos na experiência da fé. Constituem um claro contrapeso à esterilidade do deísmo, cultivado pelos iluministas do sé-culo XVIII. No campo católico, encontramos — em pleno "Século das Luzes" — a figura ímpar de santo Afonso Maria de Ligório (1696-1787), fundador da Congregação do Santíssimo Redentor (1732), os redentoristas. Destaca-se no campo da moral cristã, recentrando-a no amor divino.

Por fim, não podem ser esquecidos os homens e as mulheres que teste-munharam sua fé nas circunstâncias extremamente adversas da Revolução Francesa (1789-1799). Tanto entre eclesiásticos e leigos que se opuseram às bruscas mudanças como entre o clero e fiéis que se alinharam ao regime revo-lucionário, aceitando o novo ordenamento sociopolítico. Esta última categoria é quase sempre marginalizada na historiografia católica, o que constitui uma evidente injustiça. Surge, aqui, o nome de dom Henri Grégoire (1750-1831), lí-der da assim chamada "Igreja constitucional", o grupo de católicos franceses que mostra abertura ao ideário da Revolução, defendendo, simultaneamente, uma Igreja mais simples e participativa, voltada ao bem espiritual dos fiéis.

Nem de longe se esgota, com essas rápidas referências, o complexo e riquíssimo quadro de vida cristã e de testemunho evangélico no período da história da Igreja moderna. Mas é o suficiente para ter-se uma noção global da fecundidade desses três séculos de caminhada do Povo de Deus.

DOCUMENTO
DO ESCRITO DE MARTINHO LUTERO:
À NOBREZA CRISTÃ DA NAÇÃO ALEMÃ, ACERCA DA
MELHORIA DO ESTAMENTO CRISTÃO

Introdução

Esta é, talvez, a obra mais famosa de Lutero (1483-1546). Foi escrita e editada em 1520, tendo, nesse mesmo ano, nada menos do que onze reedições! Homem de Igreja e seriamente preocupado com o anúncio do Evangelho e a autenticidade do testemunho cristão, o reformador alemão conclama todos os fiéis a uma profunda revisão de vida. Na primeira parte do mencionado livro — da qual extraímos o texto que segue —, defende a igualdade de todos os batizados e sua co-responsabilidade pela Igreja, a fim de que ela possa ser arauto fiel da Boa-Nova do Reino.

Texto

Inventou-se que o papa, os bispos, os sacerdotes e os monges sejam chamados de estamento espiritual; príncipes, senhores, artesãos e agri-cultores, de estamento secular. Isso é uma invenção e fraude muito refina-da. Mas que ninguém se intimide por causa disso, e pela seguinte razão: todos os cristãos são verdadeiramente de estamento espiritual, e não há qualquer diferença entre eles a não ser exclusivamente por força do ofí-cio, conforme Paulo diz em 1Cor 12,12ss. Todos somos um corpo, porém cada membro tem sua própria função, com a qual serve aos outros. Tudo isso se deve ao fato de que temos um batismo, um Evangelho, uma fé e somos cristãos iguais, porque é só batismo, Evangelho e fé que tornam as pessoas espirituais e cristãs. Ora, o fato de que o papa ou bispo unge, faz tonsura, ordena, consagra, se veste de forma diferente que os leigos pode perfazer um hipócrita ou um pseudo-sacerdote, jamais constitui, porém, um cristão ou pessoa espiritual. Assim, pois, todos nós somos ordenados sacerdotes através do batismo, como diz são Pedro em 1Pd 2,9: "Vós sois um sacerdócio real e um reino sacerdotal", e Ap 5,10: "Com teu sangue tu nos constituíste sacerdotes e reis". Pois, se não houvesse em nós uma ordenação superior àquela dada pelo papa ou bispo, jamais se faria um sacerdote através da ordenação do papa ou bispo, ele tampouco poderia celebrar missa, nem pregar, nem absolver.

Por isso a ordenação pelo bispo nada mais é do que se ele tomasse um dentre a multidão em lugar e em representação de toda a comunidade — onde todos têm o mesmo poder — e lhe ordenasse exercer esse poder pelos outros. [...]

Como o poder secular é batizado como nós, tem a mesma fé e Evangelho, temos de deixá-lo ser sacerdote e bispo e considerar seu ofício como ofício que pertence à comunidade cristã e lhe é útil. Pois quem saiu do batismo pode gloriar-se de já estar ordenado sacerdote, bispo e papa, se bem que não convém a cada um exercer esse ofício. Pois, como somos todos igualmente sacerdotes, ninguém deve projetar-se a si mesmo e atrever-se, sem nossa aprovação e escolha, a fazer aquilo para que todos temos o mesmo poder. Pois ninguém pode arrogar-se o que é comum sem a vontade e ordem da comunidade. E onde acontecer que alguém seja escolhido para semelhante ofício e for deposto por abusar dele, será o mesmo que antes. Por essa razão um estamento de sacerdote na cristandade não deveria ser diferente de um funcionário público: enquanto estiver no cargo, ele tem precedência; se for deposto, é um agricultor ou cidadão como os outros. Assim, na verdade, um sacerdote deixa de ser sacerdote ao ser deposto. Mas agora inventaram caracteres indeléveis [marca "espiritual inapagável", no sentido de uma graça especial concedida "para sempre", de modo permanente] e afirmam que um sacerdote deposto, ainda assim, é outra coisa que não um simples leigo. Sim, sonham que um sacerdote jamais pode ser outra coisa do que sacerdote ou que jamais pode tornar-se leigo. Tudo isso é conversa, leis inventadas por seres humanos.

FONTE: LUTERO, Martinho. *Obras selecionadas.* São Leopoldo – Porto Alegre, Sinodal – Concórdia, 1989. v. 2: O programa da Reforma. Escritos de 1520, pp. 282-283.

Resumindo

• *Tempos de mudança*

- O esgotamento de um modelo e apelos por maior profundidade e autenticidade
- A centralidade do ser humano com suas legítimas aspirações
- A indiferença por reformas mais consistentes na cúpula da Igreja

- Início de um amplo movimento de reforma dentro e fora da Igreja Católica:
- Lutero e Calvino
- O caso singular do anglicanismo
- O Concílio de Trento
- A mentalidade católica pós-tridentina
- *Novas searas de evangelização*
  - Descobrimentos marítimos e conquista espiritual
  - O regime do padroado nas colônias ibéricas
  - A coordenação romana da atividade missionária extra-européia
  - A questão da adaptação a culturas locais: os casos da Índia e da China
  - América Latina: uma evangelização guerreira e conflitos com as populações nativas
  - Profetismo na primeira evangelização da América Latina
  - A contraditória realidade das reduções
  - Juízo histórico sobre a ação missionária em outros tempos
- *Intolerância e polarização*
  - Radical oposição e hostilidade entre católicos e protestantes
  - Surgimento do absolutismo monárquico, seguido pela submissão da Igreja ao Estado (galicanismo)
  - A aplicação dos princípios galicanistas na América Latina
  - A ameaça do jansenismo para a catolicidade do cristianismo
- *Curto-circuito entre fé e ciência*
  - A exaltação da razão como condição para a autodeterminação
  - Relativização do cristianismo e ceticismo em relação ao dado religioso (deísmo)
  - A maçonaria e as reações da Igreja oficial
  - O descrédito da instituição eclesiástica por parte dos iluministas
  - A Revolução Francesa: lógica conclusão de um penoso processo de emancipação em direção à liberdade e à igualdade
  - Causas do desencontro entre Igreja hierárquica e os revolucionários
  - Busca de novas expressões de vida cristã e apostolado
  - Generalizado desejo de aprofundamento evangélico
  - Novas formas de vida religiosa apostólica e de associações laicais
  - Restauração e revitalização de antigas ordens religiosas
  - Uma santidade sintonizada com os novos tempos

Aprofundando

Na Idade Moderna surge a lamentável ruptura entre fé e ciência, religião e profissão. Qual seria a causa mais profunda dessa oposição e como ela pode ser superada na vida pessoal e societária?

Perguntas para reflexão e partilha

1) Qual novidade nos apresenta o movimento renascentista do século XVI?

2) Em que consiste a contribuição original dos grandes Reformadores protestantes no que diz respeito à revitalização do cristianismo?

3) Quais são as manifestações de renovação mais significativas no interior da Igreja Católica na época Moderna?

4) A atividade missionária conhece um promissor florescimento na Idade Moderna. Quais são os grandes desafios da evangelização fora da Europa?

5) Por quais razões o galicanismo — sob as suas diversas modalidades — representa uma permanente ameaça para a integridade da Igreja?

6) O jansenismo é um fenômeno histórico que traz em si uma advertência sempre atual para o cristianismo. Em que sentido?

7) Por que o deísmo ameaça por dentro a essência da religião cristã?

8) Qual foi a causa principal da sistemática oposição da Igreja romana à maçonaria?

9) Por que podemos afirmar que entre o ideário da Revolução Francesa e a mensagem do Evangelho existe uma surpreendente concordância em pontos fundamentais?

10) Faça o elenco de significativas manifestações de santidade que vão ao encontro do novo momento cultural da Idade Moderna.

Bibliografia

AUTOBIOGRAFIA de Inácio de Loyola. São Paulo, Loyola, 1978. 150 p.

BENIMELLI, J. A. F.; CAPRILE, G.; ALBERTON, V. *Maçonaria e Igreja Católica:* ontem, hoje e amanhã. 2. ed. São Paulo, Paulus, 1983. 387 p.

BIÉLER, A. *O pensamento econômico e social de Calvino*. São Paulo, Casa Editora Presbiteriana, 1990. 673 p.

CALVINO, J. *A verdadeira vida cristã*. 3. ed. São Paulo, Novo Século, 2003. 77 p.

_____. *As Institutas ou tratado da religião cristã*. São Paulo, Casa Editora Presbiteriana, 1985-1989. 4 vv.

CHAMPAGNE, R. *Francisco de Salles:* a paixão pelo outro. São Paulo: Paulinas, 2003. 222 p. Testemunhas. Série Santos.

CHIOVARO, F. *Santo Afonso:* no tricentenário de seu nascimento, 1696-1996. Aparecida, Santuário, 1996. 157 p.

CINTRA, J. P. *Galileu*. 2. ed. São Paulo, Quadrante, 1995. 51 p. Temas cristãos, 22.

DELUMEAU, J. *Nascimento e afirmação da Reforma*. São Paulo, Pioneira, 1989. 384 p. Biblioteca Pioneira de Ciências Sociais. História. Série "Nova Clio".

DICKENS, A. G. *A Reforma e a Europa do século XVI*. Lisboa, Verbo, 1971. 237 p.

DREHER, A. *Martim Lutero:* o intérprete do evangelho. 3. ed. São Leopoldo, Sinodal, 1979. 54 p.

GUILLERMOU, A. *Santo Inácio de Loyola e a Companhia de Jesus*. Rio de Janeiro, Agir, 1973. 188 p. Mestres Espirituais, 10.

ISERLOH, E. & MEYER, H. *Lutero e o luteranismo hoje*. Petrópolis, Vozes, 1969. 109 p.

JEDIN, H. *El Concilio de Trento en su última etapa:* crisis y conclusión. Barcelona, Herder, 1965. 175 p.

KLOPPENBURG, B. *Igreja e maçonaria:* conciliação possível? Petrópolis, Vozes, 1993. 272 p.

LAU, F. *Lutero*. São Leopoldo, Sinodal, 1974. 113 p.

LESSA, V. T. *Calvino, 1509-1564:* sua vida, sua obra. São Paulo, Casa Editora Presbiteriana, [s. d.]. 282 p.

LIBANIO, J. B. *A volta à grande disciplina:* reflexão teológico-pastoral sobre a atual conjuntura da Igreja. São Paulo, Loyola, 1983. 180 p. Teologia e Evangelização, 4. [A obra é citada, aqui, pelo enfoque dado à construção e à estrutura da identidade tridentina.]

LUTERO, M. *Obras selecionadas*. São Leopoldo–Porto Alegre, Sinodal–Concórdia, 1987-2003. 8 vv.

MATOS, H. C. J. *Caminhando pela história da Igreja:* uma orientação para iniciantes. Belo Horizonte, O Lutador, 1995. v. 2, 216 p.

_____. *Introdução à história da Igreja*. 5. ed. Belo Horizonte, O Lutador, 1997. v. 2.

MELANCHTON, F. *Lutero visto por um amigo*. Porto Alegre, Concórdia, 1983. 50 p.

REDONDI, P. *Galileu herético*. São Paulo, Companhia das Letras, 1991. 453 p.

SABORIT, I. T. *Religiosidade da Revolução Francesa*. Rio de Janeiro, Imago, 1989. 312 p. Religião e Modernidade.

VV.AA. *Calvino e sua influência no mundo ocidental*. São Paulo, Casa Editora Presbiteriana, 1990. 448 p.

VOVELLE, M. *A Revolução Francesa contra a Igreja:* da razão ao Ser Supremo. Rio de Janeiro, Jorge Zahar, 1989. 222 p. Jubileu bicentenário da Revolução Francesa.

ZAGHENI, G. *A Idade Moderna*. São Paulo, Paulus, 1999. 440 p. Curso de História da Igreja, 3.

74

Capítulo quarto

A IGREJA NA IDADE CONTEMPORÂNEA
(C. 1800-2000)

1. NA CONTRAMÃO DA MODERNIDADE

A Revolução Francesa deixou profundas seqüelas no catolicismo. Nos meios eclesiásticos e no povo em geral se estabelece um verdadeiro pavor em relação aos movimentos revolucionários que invertem valores tradicionais. O espírito anti-revolucionário toma conta dos católicos e encontra apoio nas forças sociais reacionárias, ainda ligadas ao *Ancien Régime* (o sistema monárquico de classes privilegiadas, vigente até 1789). No Congresso de Viena (1815) — como já vimos —, essas tendências resultam em

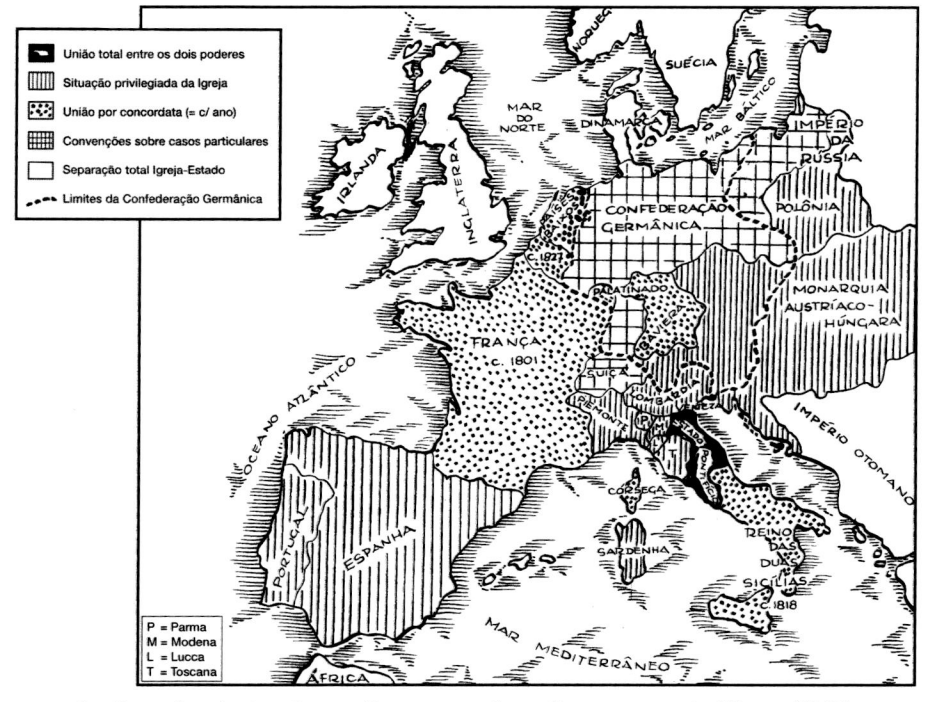

A situação da Igreja na Europa após o Congresso de Viena (1815)

restauração de sistemas políticos anteriores. Seus frutos são exíguos pelo fato de contradizerem conquistas históricas irrevogáveis, tais como a liberdade e a democracia. É exatamente o liberalismo que defende tal causa e não abre mão das vitórias já obtidas. Vê no cristianismo — e particularmente no catolicismo — um enorme obstáculo ao progresso da sociedade, uma força retrógrada que mantém os cidadãos num estado de inferioridade e de imaturidade. À medida que a Igreja reage aos "novos tempos" e se opõe ao liberalismo, os liberais endurecem na sua campanha anticlerical.

Não é fácil definir o que exatamente se entende por "liberalismo". O termo, como já observamos, refere-se, fundamentalmente, à liberdade que abrange todos os campos da atividade humana. Trata-se de uma aplicação concreta do espírito iluminista do século XVIII. Já não é mais aceita a figura de um "estado confessional", ou seja, uma ordenação sociopolítica baseada em normas e princípios de uma determinada religião. A aliança Igreja-Estado é vista como algo anacrônico, indigno da democracia, único regime admissível numa sociedade de cidadãos emancipados. A separação radical entre os "dois poderes" torna-se, assim, um imperativo da nova organização social e política. No campo econômico, o liberalismo exige total liberdade dos indivíduos, sem intervenção do poder público. É o famoso princípio do *laissez faire, laissez aller* (deixe as coisas correrem segundo seu próprio dinamismo), que terá como conseqüência o despotismo econômico e financeiro dos fortes (os "novos ricos"), em detrimento da massa popular, cada vez mais dependente e empobrecida (isto é, feita pobre pelo sistema elitista e de exclusão social). Assumir a causa desses grupos marginalizados e oprimidos (= impedidos de crescer e de desenvolver-se por própria conta) é o objetivo primário do socialismo. Inicialmente, são os "socialistas utópicos" que desfraldam essa bandeira, mas com Karl Marx (1818-1883) e seu amigo e colaborador Friedrich Engels (1820-1895) chega-se ao "socialismo real", ou seja, sua experimentação "científica", mais bem conhecida como comunismo. Em 1848, é publicado o "Manifesto do Partido Comunista", com a convocação dos operários "do mundo inteiro" para derrubar o capitalismo liberal, mediante uma transformação revolucionária das estruturas sociais. A emancipação do proletariado constitui a meta do comunismo e já se manifesta nas primeiras "Internacionais de trabalhadores", em Londres (1864) e Bruxelas (1890).

Tanto no liberalismo como no socialismo comunista encontramos certa oposição sistemática à interpretação religiosa da vida e, sobretudo, uma crescente agressividade em relação às instituições confessionais, vistas como instrumentos bloqueadores do avanço da humanidade, em direção à sua completa independência e autodeterminação: "Religião é ópio para o povo" — dizia-se em círculos do socialismo científico — e contribui para anestesiar suas mais profundas aspirações de liberdade e emancipação; toda autoridade reside no próprio povo e nunca pode ser simplesmente imposta; Deus é uma projeção do ser humano e a Bíblia, um livro de fábulas para enganar a humanidade na sua busca de respostas para interrogações existenciais; libertando-se de tudo isso, ficará aberto o caminho a uma real felicidade e a um bem-estar duradouro. Positivismo (a verdade só pode provir do conhecimento experimentado), agnosticismo (a verdade absoluta é inacessível), relativismo e laicismo apresentam-se como disposições desse "novo espírito", característico de "seres humanos evoluídos", dispensando referências a realidades transcendentais e sobrenaturais.

Dentro da Igreja há, na primeira metade do século XIX, um grupo de católicos que simpatiza com as "idéias novas" oriundas da Revolução Francesa. Mostram sensibilidade e abertura para com valores considerados perfeitamente aceitáveis para um cristão, tais como a liberdade de opinião, de associação, de consciência e de ensino. Um dos protagonistas desses "católicos-liberais" é o sacerdote francês Hugo-Felicité de Lamennais (1782-1854), com seu jornal *L'Avenir* (*O Futuro*, 1830). Defende a separação total de Igreja e Estado como condição para a Igreja ser verdadeiramente livre no desempenho de sua missão evangelizadora. A reação da instituição não tarda: em 1832, Gregório XVI, na sua encíclica *Mirari vos*, condena as "novidades" em termos duríssimos. Lamennais entra, agora, num processo de lento afastamento da Igreja. Aparentemente, seus ideais morreram sob o golpe romano, mas na realidade sobrevivem como aspiração profunda daqueles cristãos que intuíram a necessidade de o catolicismo entrar em diálogo com o mundo novo que estava emergindo. A política antiliberal terá seu auge com a publicação do *Silabo*, uma lista condenatória de oitenta "erros do nosso tempo", de Pio IX, que o faz acompanhar da encíclica *Quanta cura* (1864). Os liberais vêem, nesse gesto de Roma, uma condenação formal do pensamento moderno, o que aguça ainda mais o espírito anticlerical. No interior da Igreja, provoca o fortalecimento da corrente intransigente, cujos adeptos defendem um catolicismo "integral", sem nenhuma concessão à Modernidade, combatendo toda e qualquer tendência laicizante da sociedade. Freqüentemente, os intransigentes juntam-se aos ultramontanos, isto é, católicos conservadores fortemente unidos ao Romano Pontífice. Consideram o Papa "a tábua de salvação" num mundo imerso "no oceano da perversidade moderna". As correntes antiliberais, com suas tendências centralizadoras, terão respaldo no Concílio Vaticano I (dezembro de 1869 a julho de 1870), onde é definido o duplo dogma do primado universal de jurisdição do Papa sobre toda a Igreja e a sua infalibilidade pessoal em definições *ex cathedra* (na sua qualidade de chefe da Igreja), sobre questões fundamentais em matéria de fé e de moral.

Inegavelmente, há elementos positivos e úteis nas advertências da Igreja hierárquica em relação ao liberalismo da época, detectando nele reais perigos, tais como laicismo, naturalismo, racionalismo e indiferentismo. Mas é lamentável que a polarização tenha sufocado aspirações aparentemente tão "profanas", mas que, no fundo, continham valores em perfeita sintonia com a mensagem cristã. Essa ruptura entre fé e Modernidade, entre Igreja e sociedade, é um dos maiores dramas do século XIX. A campanha antimodernista de Pio X (1903-1914) faz agravar a situação. No âmbito eclesial, talvez constitua o episódio mais traumatizante da história contemporânea. Fecha-se qualquer entendimento com a Modernidade e com o mundo das ciências. Isso se reflete fortemente no campo dos estudos bíblicos e dogmáticos. Assim, o padre francês Alfred Loisy (1857-1940) — acusado de modernismo por suas idéias sobre a origem da Igreja e da interpretação da Bíblia — é excomungado, morrendo no ostracismo. Com ele, várias outras proeminentes figuras eclesiásticas sofrem penas canônicas por causa de suas posições de vanguarda. A encíclica *Pascendi Dominici Gregis* (1907) resulta numa condenação categórica do chamado "modernismo", dando início à caça de seus representantes e fautores. Encontra no "integrismo católico" um instrumento apropriado para sua nefasta ação inquisitorial. Em 1910, Pio X impõe a todos os ordenandos e sacerdotes um específico "juramento antimodernista". Só no pontificado de seu sucessor, Bento XV (1914-1922), haverá atenuação do integrismo que tanto mal causou à Igreja com a defesa de um catolicismo fundamentalista e ultraconservador, em franca oposição às novas idéias da época.

A Península Itálica antes de 1859

Há uma questão que não pode ser olvidada, quando estudamos o conflito entre a Igreja e a Modernidade no contexto do século XIX. Referimo-nos à perda dos Estados pontifícios, os territórios do Papa na região central da Itália. Como vimos anteriormente, eram terras patrimoniais já possuídas e áreas doadas ao pontífice pelo chefe dos francos no século VIII. Esse "Estado eclesiástico" persiste até 1860, quando as tropas da unificação italiana começaram a invadi-lo. Em 1870, restava apenas a cidade de Roma. Com a "Brecha da Porta Pia" (20.9.1870) caem as últimas resistências papais. Pio IX (1846-1878) excomunga os revolucionários e atribui tal violação do "sacrossanto território eclesiástico" às "forças do mal", personificadas nas "sociedades secretas" (carbonária, ligada à maçonaria). A Cidade Eterna é proclamada nova capital da Itália Unida, enquanto Pio IX assume o *status* de "prisioneiro do Vaticano". Nasce, assim, a chamada "Questão Romana", o impasse nas relações entre o pontífice e o reino da Itália. Somente em 1929, com os Tratados de Latrão, firmados pelo secretário de Estado Pietro Gasparri (1852-1945) e o chefe do fascismo, Benito Mussolini (1883-1945), é que se chega a uma solução com a criação do "Estado da Cidade do Vaticano", território independente da Itália, sob a exclusiva soberania do Papa, e assim reconhecido pelo direito internacional.

É evidente que o conflito em torno do território pontifício condicionou fortemente as posições políticas dos papas nos sessenta anos de sua duração. Podemos considerá-lo como o pano de fundo do ferrenho antiliberalismo da Igreja naquele tempo e de sua sistemática oposição à Modernidade.

Se a Igreja, sob o pontificado de Pio XI (1922-1939), vê com certa simpatia o surgimento de "regimes de força", tais como o fascismo (na Itália) e o nazismo (na Alemanha) — exatamente pela importância que ambos os sistemas atribuem à disciplina e à ordem, incluindo a exaltação da "autoridade estabelecida" —, no decorrer dos anos foram mais bem detectadas as perversidades dessas ideologias totalitárias. Pio XI não hesitou em condenar corajosamente os princípios nacionalistas e racistas presentes no fascismo e no nazismo. Às pretensões do líder fascista (o "Duce"), Mussolini, responde com a encíclica *Non abbiamo bisogno* (1931), e às políticas hegemônicas e exclusivistas — em nome de uma suposta superioridade da raça ariana — promovidas por Adolf Hitler, reage com a encíclica *Mit brennender Sorge* (1937). O comunismo, como sistema ateu e totalitário, é denunciado na encíclica *Divini redemptoris* (1937). Com a solene condenação do socialismo real, a suprema autoridade eclesiástica inicia sua luta sem tréguas contra a perseguição dos cristãos que vivem atrás da "Cortina de Ferro", os católicos da "Igreja do Silêncio", nas regiões dominadas pelo comunismo. Somente com a "Queda do Muro de Berlim" (1989), quando, efetivamente, o império bolchevista começa a ruir, é que, lentamente, serão normalizadas as relações com os países do antigo bloco comunista, excetuando-se a China.

2. MOMENTOS LUZENTES DE CONSCIÊNCIA ECLESIAL

O desaparecimento do poder temporal retira do Papa um enorme peso material e faz com que possa dedicar-se inteiramente à sua missão espiritual. Interessante que, a partir de 1870, cresce em nível internacional o prestígio do papado como autoridade moral.

O século XIX e a primeira metade do século XX oferecem um quadro bastante diversificado da vida da Igreja, que não se exaure no conflito com a Modernidade. Internamente, há muita vitalidade cristã, como mostram, entre outras, as congregações religiosas fundadas na época. O caso da França é ilustrativo: entre 1800 e 1880 surgem, nesse país, nada menos do que 400 institutos de *vida consagrada*, uma média de cinco por ano! O campo de apostolado preferencial dessas congregações, sobretudo as femininas, é a educação e a saúde. Mas também a dimensão das "missões estrangeiras" está fortemente presente. Inegavelmente — com raras exceções —, predomina a tendência restauradora, aliás em sintonia com as orientações da Igreja oficial no período.

Grande desenvolvimento têm as devoções populares, nas quais destacamos as marianas, estimuladas com a proclamação do dogma da Imaculada Conceição, por Pio IX, em 1854, e as aparições em Lourdes, quatro anos depois.

Entre os numerosos santos e santas dessa época merecem especial atenção o Cura d'Ars, João Maria Vianney (1786-1859), simples pároco numa aldeia no sul da França, que se santificou pela heróica dedicação ao serviço pastoral, e Teresa do Menino Jesus e da Santa Face (1873-1897) — Santa Teresinha —, a jovem carmelita de Lisieux que, em apenas 24 anos de vida, chegou à perfeição da vida cristã, ensinando, pelo próprio exemplo de vida, o "caminho da infância espiritual", toda centrada na experiência da misericórdia divina. Poderíamos citar, aqui, uma infinidade de outros nomes, como o de dom Bosco (1815-1888) — pai espiritual da Sociedade de São Francisco de Salles (salesianos) — e o do beato Frederico Antônio Ozanam (1813-1853), fundador da Sociedade de São Vicente de Paulo (1833), associação de leigos gratuitamente voltados para uma "caridade em ação" no tocante aos "menores entre os irmãos de Jesus" (Mt 25,40).

Entre as devoções muito apreciadas, nesta época da história da Igreja, está o culto ao Sagrado Coração de Jesus, ligado também ao incremento da eucaristia, cuja recepção é facilitada com os decretos de Pio X sobre a comunhão freqüente (1905) e a admissão de crianças à mesma (1910).

A Igreja, ao longo de seu bimilenar trajeto histórico, nunca se desinteressou pelo social. Sempre houve pessoas, grupos e movimentos que explicitamente tomaram a si a causa de pobres e excluídos da sociedade. No século XIX, a "Questão Social" adquire dimensões até então desconhecidas. Após a revolução industrial, com o aparecimento das fábricas e a produção em série, surge o proletariado, como subproduto do capitalismo, essa massa de operários mantida à margem do bem-estar e sistematicamente explorada. Trata-se de uma exclusão estrutural que gera verdadeiros "empobrecidos". A análise científica desse fenômeno é feita pelos grandes ideólogos do socialismo, Marx e Engels, e documentada na obra-primade Marx, *O capital*.

É verdade, à Igreja Católica não cabe a honra de ser pioneira no encaminhamento de uma solução duradoura para a grave questão social, numa época em que o capitalismo se expandia de forma selvagem. Mas também não é verdade que ela se omitiu sem mais. Houve católicos que, sinceramente, se dedicaram à promoção humana dos trabalhadores. Às vezes, o fizeram mais por medo do avanço socialista no meio operário ou numa perspectiva nitidamente anti-revolucionária. Assim, não é de admirar que entre seus representantes encontremos, exatamente, pessoas ligadas à classe dos patrões. Merecem realce os dois empresários franceses, Albert de Mun (1841-1913), que ainda se move numa linha conservadora de harmonia entre as duas classes, e Léon Harmel (1829-1915), que organiza associações independentes de operários. No Brasil, deve ser recordada a figura ímpar do vicentino Carlos Alberto de Menezes (1855-1904), que segue de perto as iniciativas inovadoras de Harmel. Mais tarde, no campo do pensamento, há um aprofundamento da causa operária, entre outros, com os escritos e posições do bispo alemão dom Wilhelm Emmanuel von Ketteler (1811-1877) e os estudos sociais desenvolvidos pela União de Friburgo, sob o estímulo de dom Gaspar Mermillod (1824-1892). Essas e ainda muitas outras manifestações forçaram a mais alta instância da Igreja a pronunciar-se oficialmente. Leão XIII (1878-1903) o fez quando publicou, a 15 de maio de 1891, a encíclica *Rerum novarum*, "sobre a condição dos operários". É nesse documento que o Papa inaugura o que será a *Doutrina Social da Igreja* (*DSI*), pontilhada por sucessivos pronunciamentos pontifícios, geralmente por ocasião de significativos aniversários do documento leonino. A *Rerum novarum* traz, realmente, "coisas novas", apresentando reais avanços quando fala da necessidade de criar-se o "salário família" e o direito de associação por parte dos trabalhadores em defesa de sua justa causa (sindicatos). Leão XIII mantém-se eqüidistante do liberalismo capitalista e do coletivismo socialista, visando, unicamente, à pessoa do operário e seus direitos inalienáveis. Ao Estado, segundo o Papa, cabe garantir esses mesmos direitos, atendendo, assim, ao bem-comum.

O período que se estende entre 1800 e 1950 conhece uma intensa atividade missionária na África, Ásia e América Latina. Pela primeira vez na história, assistimos a uma verdadeira internacionalização do cristianismo. Com grande entusiasmo, os católicos do Velho Mundo seguem esse movimento e o sustentam material e espiritualmente. Encontramo-nos em plena época do imperialismo europeu. Quase, todos os países da Europa procuram ter suas colônias nos diversos continentes a fim de poder explorá-las economicamente. A atividade missionária ressente-se muito dessa mentalidade interesseira. Não raras vezes, os missionários identificam-se mais com as

QUADRO 10: EVOLUÇÃO DA DOUTRINA SOCIAL DA IGREJA (DSI)

Ano e data	Autoria	Descrição	Temática específica
A DSI oferece referenciais indispensáveis para compreender as variadas situações e os diversos problemas sociais à luz do Evangelho. Constitui eminentemente uma orientação para a ação e, por isso, apresenta-se mais pastoral do que doutrinária no sentido estrito.			
1891 (15 de maio)	Leão XIII (1878-1903)	Encíclica *Rerum Novarum* (RN)	Tema básico: a questão operária. Constitui a "Carta Magna" da atividade cristã no campo social. Contém os princípios básicos da DSI que serão retomados, aprofundados e aplicados em sucessivos documentos e pronunciamentos do Magistério.
1931 (15 de maio)	Pio XI (1922-1939)	Encíclica *Quadragesimo Anno*, por ocasião dos 40 anos da RN.	Tema básico: o problema econômico. À industrialização se acrescentou a expansão do poder de grupos financeiros, em âmbito nacional e internacional. Diante de regimes totalitários reafirma os princípios de solidariedade e de colaboração para superar as contradições sociais.
1939-1958	Pio XII (1939-1958)	*Radiomensagens natalinas*.	Aprofundam a reflexão do Magistério sobre uma nova ordem social, inspirada na moral e no direito, fundada na justiça e na paz. As categorias profissionais e empresariais são chamadas a concorrer, em plena consciência, para a realização do bem comum.
1961 (15 de maio)	João XXIII (1958-1963)	Encíclica *Mater et Magistra*, por ocasião dos 70 anos da RN.	Tema básico: o subdesenvolvimento. A questão social adquiriu dimensões planetárias. Salienta a comunidade e a socialização. A Igreja é chamada, na justiça e no amor, a colaborar com todos os homens para construir uma autêntica comunhão com a imprescindível promoção da dignidade humana.

1963 (11 de abril)	João XXIII (1958-1963)	Encíclica *Pacem in Terris*, por ocasião dos 15 anos da Declaração Universal dos Direitos Humanos.	Tema básico: a política internacional. Reflexão aprofundada sobre a paz e a dignidade humana. Sublinha a importância da colaboração de todos: uma ação solidária para recompor as relações da convivência na verdade, na justiça, no amor e na liberdade.
1965	Concílio Vaticano II	Constituição pastoral *Gaudium et Spes*.	Apresenta uma Igreja solidária com a humanidade e com a sua história. Aborda organicamente os temas da cultura, da vida econômico-social, do matrimônio e da família, da comunidade política, da paz e da comunidade dos povos, à luz da visão antropológica cristã e da missão da Igreja. Um aspecto específico é abordado na Declaração *Dignitatis Humanae* (1965), na qual se proclama o irrenunciável direito da pessoa à liberdade religiosa.
1967 (26 de março)	Paulo VI (1963-1978)	Encíclica *Populorum Progressio*.	Tema básico: o desenvolvimento integral das pessoas e o desenvolvimento solidário da humanidade. Isso responde à exigência de justiça em escala mundial, garantindo assim uma paz planetária. Torna igualmente possível a realização do "humanismo total", governado por valores espirituais (o *ser* sobre o *ter*).
1971 (14 de maio)	Paulo VI (1963-1978)	Carta Apostólica *Octagesima Adveniens*, por ocasião dos 80 anos da RN, dirigida ao Cardeal Maurice Roy, presidente da Pontifícia Comissão *Iustitia et Pax* (criada em 1967).	Enfoca as necessidades novas de um mundo em transformação. Mostra um profundo respeito pela consciência pessoal.

1981 (14 de setembro)	João Paulo II (1978-2005)	Encíclica *Laborem Exercens*, por ocasião dos 90 anos da RN.	Tema básico: o trabalho humano como chave da questão social. Desenvolve uma espiritualidade e uma ética do trabalho dentro de uma profunda reflexão filosófica e teológica.
1987 (30 de dezembro)	João Paulo II (1978-2005)	Encíclica *Sollicitudo Rei Socialis*, para comemorar os 20 anos da *Populorum Progressio*.	Tema básico: o desenvolvimento integral e as "estruturas do pecado". O verdadeiro desenvolvimento não pode ser limitado ao acúmulo de bens, mas deve ser uma contribuição para o pleno desabrochar do *ser humano*. A paz deve ser entendida como fruto da solidariedade.
1991 (1º de maio)	João Paulo II (1978-2005)	Encíclica *Centesimus Annus*, por ocasião do centenário da publicação da RN.	Analisa os traços característicos do documento leonino de 1891 e os atualiza. Realça a centralidade do ser humano na sociedade. Reconhecer a Deus em cada pessoa e cada pessoa em Deus é condição para um autêntico desenvolvimento humano.

políticas de seus países de origem do que com a pregação independente do Evangelho. Os papas da época, particularmente Bento XV (1914-1922) e Pio XI (1922-1939), alertam para esse perigo nacionalista que pode pôr em descrédito a dimensão universalista da fé cristã. Solicitam às sociedades missionárias que promovam, antes de tudo, a formação de um clero local e de uma *vida consagrada* adaptada à índole dos novos povos. A Congregação Romana da *Propaganda Fide*, fundada em 1622, desenvolve, durante o pontificado de Pio XI, um plano orgânico para as missões, assumindo, mesmo, as diversas obras missionárias pontifícias. Grande significado simbólico para o processo de deseuropeização do catolicismo teve a sagração de seis bispos chineses, pelo próprio Papa, em 1926.

O grande desafio para a evangelização continua sendo a inculturação da fé, dificultada por diversos fatores, entre os quais já lembramos o exarcebado nacionalismo de vários missionários, com a velada tese de superioridade da raça branca e européia, tendo como efeito imediato uma desconfiança quanto à capacidade intelectual e organizativa das jovens igrejas. Um aspeto particular dessa questão é a amplamente divulgada opinião de que vocacionados "nativos" dificilmente poderiam ser capazes de observar o celibato eclesiástico ou abraçar de maneira adequada a virgindade consagrada.

Nas terras das missões encontramos, nesses anos, testemunhas cristãs altamente qualificadas, que enobreceram a Igreja e honraram a *vida religiosa*. Foram aqueles(as) missionários(as) que se identificaram com os povos a serem evangelizados. Recordamos, aqui, o heróico exemplo de padre Damião de Veuster (1840-1889), missionário entre os leprosos da Ilha de Molokai, e o cardeal Charles-Martial Lavigerie (1825-1892), arcebispo de Argel (Argélia, na África), fundador da Sociedade dos Missionários da África (os "Padres Brancos"). Lavigerie orientou seus missionários para uma verdadeira adaptação aos costumes locais, com grande zelo apostólico e total doação de si mesmos. Nesse contexto de inserção na realidade africana, não podemos deixar no esquecimento o nome do eremita Charles de Foucauld (1858-1916), recentemente beatificado (2005), testemunho de um presbítero identificado com a população muçulmana do Saara, cuja evangelização consistia, simplesmente, numa vivência autêntica e radical dos valores cristãos.

Com o avanço dos tempos, a necessidade de repensar toda a ação missionária da Igreja torna-se um imperativo incontornável. O núcleo da problemática é a inculturação, compreendendo, igualmente, o diálogo inter-religioso, que tanta importância adquiriu em nossos dias. Lentamente, a ocidentalização milenar do cristianismo cede lugar a um cristianismo multicultural, refletindo melhor a verdadeira catolicidade (universalidade) da Boa-Nova de Jesus.

Desde o Concílio de Trento (1545-1563), culminando no primeiro Concílio do Vaticano (1869-1870), está em curso, na Igreja, um processo de hierarquização e centralização. O clero ocupa, sempre mais, um papel decisivo no corpo eclesial, enquanto os leigos são relegados para segundo plano. Por volta de 1920, há um despertar do laicato. Assumindo o sumo pontificado naquele ano, Pio XI coloca, entre as diretrizes de seu governo, o combate à progressiva laicização da sociedade ocidental. Convoca os leigos a formar um grande exército a fim de oferecer uma eficiente contra-ofensiva católica, no sentido de empreender a recristianização das estruturas sociais. O símbolo dessa campanha é a figura de Cristo-Rei, cuja festa litúrgica é implantada em 1925. Já no primeiro ano de seu múnus petrino, Pio XI cria a "Ação Católica" (AC), concebida como uma colaboração organizada dos leigos no apostolado hierárquico da Igreja. Originalmente, tal associação, lançada em nível internacional, apresenta-se como a *manus longa* (uma extensão) do clero. Lá onde a ação da hierarquia é impossível ou difícil, devem entrar os leigos "com mandato eclesial". A Ação Católica Geral inspira-se no modelo italiano com a divisão em quatro grupos, de acordo com o sexo e a idade de seus integrantes. O que chama hoje nossa atenção é a qualidade de formação humana e cristã proporcionada aos membros da Ação Católica e a sua dedicação apostólica, ao mesmo tempo competente e generosa. No decurso dos anos, amadurece nesses meios a consciência da vocação própria do leigo em virtude de sua consagração batismal. Será na Ação Católica Especializada (ACE) — o apostolado do leigo em meio específico — que essas idéias se desenvolverão, preparando, assim, a nova postura da Igreja em relação aos fiéis leigos, consolidada no Concílio Vaticano II. Nesse processo, merece ser realçada a contribuição singular da Juventude Operária Católica (JOC), fundada pelo sacerdote belga Joseph Cardijn (1882-1966), organização que introduz o método "ver, julgar e agir", que a II Conferência Geral do Episcopado Latino-Americano de Medellín (1968) adotará para sua ação pastoral.

Ecumenismo é o movimento de sincera busca da unidade entre cristãos de diversas denominações. Nasce, propriamente, no século XIX, a partir de sociedades de missão protestantes. É nas terras de missão que a divisão entre os cristãos é experimentada como escândalo, uma contradição direta da vontade do Senhor expressa na sua oração de despedida (cf. Jo 17). Em Edimburgo, na Escócia, tem lugar, em 1910, a Conferência Internacional de Missões, reunindo representantes do anglicanismo e de diversos ramos do protestantismo. Será seguida por outras iniciativas similares, que, finalmente, resultam na fundação do Conselho Mundial de Igrejas (CMI), em 1948, na cidade de Amsterdam (Holanda).

Na Igreja Católica, predomina, durante longos anos, a visão unionista, isto é, ecumenismo entendido como um retorno "arrependido" dos "separados". É verdade que houve aproximações significativas com o anglicanismo, já em 1833 (Movimento de Oxford, tendo como protagonista John Henry Newman, 1801-1890), e, mais tarde, por meio das Conversações de Malines, na Bélgica (1921-1925), sob o patrocínio do cardeal Desideré Mercier (1851-1926). No entanto, são sintomáticas as reiteradas reservas da Santa Sé para católicos efetivamente participarem do movimento ecumênico "protestante". Entre as diversas iniciativas de fato católicas em direção ao diálogo ecumênico salientamos a fundação do mosteiro beneditino de Chevetogne (Bélgica), "os monges da união", por dom Lambert Beauduin (1873-1960), com sua qualificada revista *Irenikon*; e a "Semana de Oração pela Unidade dos Cristãos", anualmente entre 18 e 25 de janeiro, iniciativa de início anglicana, depois assumida numa perspectiva mais aberta pelo padre Paul Couturier (1881-1953). Tivemos de esperar, entretanto, a eleição do papa João XXIII (1958) para o ecumenismo, de fato, começar a fazer parte das prioridades pastorais católicas. Dois anos antes da abertura do Concílio Vaticano II, João XXIII cria o Secretariado para a Unidade dos Cristãos (1960), órgão oficial da Sé Apostólica para coordenar as atividades ecumênicas na Igreja Católica. Terá um papel fundamental no Concílio, sempre numa linha de abertura e de autêntica renovação. O fruto mais maduro do 21º Concílio Ecumênico, em termos de ecumenismo, é o decreto *Unitatis Redintegratio* (21.11.1964), propondo de modo concreto meios, caminhos e modos de agir para chegar-se à unidade desejada ardentemente por Cristo: "Que todos sejam um, como tu, Pai, estás em mim, e eu em ti; que também eles estejam em nós, a fim de que o mundo creia que tu me enviaste" (Jo 17,21).

3. VATICANO II: O 21º CONCÍLIO ECUMÊNICO

Os últimos anos do pontificado de Pio XII (1939-1958) mostraram a urgência de grandes reformas na Igreja. A Europa estava se refazendo depois da traumática experiência da II Guerra Mundial (1939-1945), e as idéias de liberdade e democracia ganharam força extraordinária. A neocristandade — ainda bem visível na Igreja de Pio XII — já não era mais aceita sem restrições. Sintomática da orientação conservadora dos anos 1950 é a condenação das teorias evolucionistas do jesuíta, cientista, paleontólogo e pensador francês Pierre Teilhard de Chardin (1881-1955), que entusiasmavam a vanguarda católica daqueles tempos.

Correntes inovadoras atingem de cheio o ambiente eclesial. Já mencionamos algumas delas no campo ecumênico e social e falamos, há pouco, da crescente conscientização do papel do leigo no interior da Igreja. Surge na França, nos anos pós-guerra, a chamada *Théologie Nouvelle* (a "nova teologia"), que revoluciona o método teológico, no sentido de tomar como ponto de partida a realidade concreta, e não princípios doutrinários teóricos.

Sem dúvida, Pio XII intuía a necessidade de reformas em profundidade. Dá passos significativos para repensar o mistério da Igreja e de sua missão num mundo em acelerado processo de mudança. Publica a encíclica *Mystici corporis* (1943), documento que apresenta uma concepção eclesiológica que vai além do antiquado modelo de cristandade, com sua postura hierárquica e clerical. Insiste na visão de Igreja como comunidade de fé que tem em Cristo seu único centro (cristocêntrica). Nessa linha, encaminha as primeiras reformas litúrgicas, a começar pela celebração do tríduo pascal. Os tempos, no entanto, urgiam transformações bem mais essenciais. As limitações impostas pela frágil saúde física do pontífice, as orientações tradicionalistas da Cúria Romana e, em geral, o medo do novo, dificultaram avanços maiores na fase final do pontificado pacelliano.

Pio XII faleceu em outubro de 1958. A eleição de João XXIII veio como total surpresa e, em parte, como decepção. O novo pontífice já tinha a idade de 77 anos e era quase um desconhecido. Falava-se, publicamente, de "um papa de transição". Mas exatamente nele é que se fazia sentir a força do Espírito que guia a Igreja. Não havia, ainda, passado três meses do início do pontificado quando, em 25 de janeiro de 1959, o novo papa externou, em público, sua intenção de convocar um Concílio para a Igreja Universal — que não seria uma simples continuação do Vaticano I (1870), nunca oficialmente concluído — e um sínodo para a diocese de Roma. Iniciaram-se, de imediato, os preparativos desse grande evento eclesial. João XXIII deixou bem claro seu objetivo: promover o *aggiornamento* da Igreja (literalmente: "colocá-la em dia"), isto é, uma ampla renovação interior para que pudesse cumprir sua missão evangelizadora no mundo de hoje. O episcopado mundial foi consultado sobre os temas a serem tratados no Concílio. As numerosas sugestões resultaram em setenta "esquemas" (documentos de trabalho), encaminhados pela Cúria Romana.

No dia 11 de outubro de 1962, João XXIII inaugurou, oficialmente, o 21º Concílio Ecumênico, na basílica de São Pedro, em Roma, com a presença de cerca de 2.500 bispos ("padres conciliares"). Pronunciou, na ocasião, seu famoso discurso de abertura, que orientaria, decisivamente, os trabalhos conciliares. É um texto de esperança, de encorajamento e de fé na Divina Providência, manifestando uma visão positiva do mundo moderno. Já na primeira sessão do Concílio (outubro a dezembro de 1962) houve fortes tensões entre o grupo daqueles que queriam uma real renovação ("progressistas") e os que defendiam posições pré-conciliares na linha de Trento e do Vaticano I ("conservadores"). O Papa interveio pessoalmente, várias vezes, para garantir o desejado *aggiornamento*, sempre movido por preocupações pastorais. Os padres conciliares chegaram, ainda no primeiro período do Concílio, a devolver os documentos preparados ("esquemas") para serem refeitos numa perspectiva mais aberta. Igualmente, exigiram uma representatividade mais diversificada nas Comissões conciliares.

Entre a primeira e a segunda sessão, morreu João XXIII, em 3 de junho de 1963. Seu sucessor, o cardeal-arcebispo de Milão, João Batista Montini, adotou o nome de Paulo VI. Decidiu, imediatamente, pela continuação do Concílio na linha do papa Roncalli, mas reforçando a reflexão sobre a natureza da Igreja e a missão dela na sociedade. Sua primeira encíclica, *Ecclesiam suam* (6.8.1964), insiste na necessidade de amplo diálogo em todos os níveis. É sob Paulo VI que se realizam as restantes três sessões do Vaticano II (em 1963, 1964 e 1965, sempre na segunda parte daqueles anos).

Os bispos do Brasil chegaram ao Concílio com uma experiência concreta de trabalho em conjunto, mediante sua organização episcopal, a Conferência dos Bispos do Brasil (CNBB), fundada em 1952. Levaram consigo, também, um projeto inicial de planejamento pastoral, o "Plano de Emergência" (1962). Durante os quatro anos de duração do Concílio tiveram a possibilidade de fazer uma verdadeira "reciclagem" teológica mediante as conferências da *Domus Mariae* — nome da casa onde os bispos brasileiros estavam hospedados, em Roma —, organizadas por dom Helder Camara (então secretário da CNBB) e realizadas na parte da tarde (quando não havia reuniões oficiais do Concílio). O episcopado do Brasil inauguraria, no Vaticano II, as intervenções coletivas nos debates conciliares, novidade que acabara de ser incorporada no regulamento do Concílio. Na última sessão (entre setembro e dezembro de 1965), os bispos brasileiros realizaram uma assembléia extraordinária da CNBB para elaborar um "Plano de Pastoral de Conjunto"

(PPC), com o objetivo de poder colocar, imediatamente, em execução, nas suas respectivas dioceses, as grandes intuições do Vaticano II. Dessa forma, tornou-se a primeira conferência episcopal do mundo a sair do Concílio com um plano pastoral orgânico, que traduzia, em termos pastorais, a renovação eclesial promovida pelo 21º Concílio Ecumênico.

O Vaticano II produziu dezesseis documentos: quatro constituições, nove decretos e três declarações. Obviamente, o espírito inovador do Concílio vai muito além dos textos escritos, os quais refletem, na realidade, apenas uma parte da nova maneira de ser-Igreja, que tem seu ponto de partida numa profunda "refontização" da mensagem cristã, orientada para a realidade hodierna. Os dois documentos-eixo são a constituição dogmática *Lumen Gentium*, sobre a Igreja, e a constituição pastoral *Gaudium et Spes,* sobre a missão da Igreja no mundo contemporâneo. Ambas se completam: a Igreja, redescobrindo sua própria natureza e identidade, vê-se como enviada

QUADRO 11: O CONCÍLIO VATICANO II
(21º CONCÍLIO ECUMÊNICO)

ANÚNCIO E PREPARAÇÃO	25 de janeiro de 1959	João XXIII manifesta publicamente sua intenção de convocar um Concílio Ecumênico.
	Maio de 1959 a maio de 1960	Atuação da Comissão Antepreparatória. Sondagem sobre os temas a serem tratados entre todos os bispos, abades, superiores gerais e universidades católicas.
	5 de junho de 1960	Criação de 10 Comissões Preparatórias e de três Secretariados (entre os quais o da Unidade dos Cristãos).
	25 de dezembro de 1961	Carta Apostólica *Humanae Salutis*, anunciando oficialmente a abertura do 21º Concílio Ecumênico para a segunda metade do ano seguinte.
PRIMEIRA SESSÃO	11 de outubro de 1962	Abertura da **primeira sessão**: discurso de João XXIII. Dando aval ao protesto do Cardeal Liénart, os padres conciliares rejeitam as listas predeterminadas a respeito dos membros das Comissões e exigem uma ampliação destas.
	20 de outubro de 1962	Mensagem ao Mundo dos padres do Concílio. Eleição das Comissões conciliares.
	16 a 21 de novembro de 1962	A maioria dos padres recusa o Esquema sobre "as fontes da Revelação". O Papa designa uma comissão mista de representantes da Comissão Teológica (conservadora) e do Secretariado para a Unidade dos Cristãos (inovadora).
	8 de dezembro de 1962	Encerramento da **primeira sessão**.

	3 de junho de 1963	Morte do papa João XXIII.
	21 de junho de 1963	Eleição do cardeal João Batista Montini que adota o nome de Paulo VI.
SEGUNDA SESSÃO	29 de setembro de 1963	Abertura da **segunda sessão**.
	15 a 30 de outubro de 1963	Modificação estrutural do esquema sobre a Igreja.
	4 de dezembro de 1963	Promulgação da Constituição sobre a Liturgia [*Sacrosanctum Concilium*] e do Decreto sobre os Meios de Comunicação Social [*Inter Mirifica*].
	4 de dezembro de 1963	Encerramento da **segunda sessão**.
TERCEIRA SESSÃO	14 de setembro de 1964	Abertura da **terceira sessão**.
	19 de novembro de 1964	Votação global dos oito capítulos da Constituição sobre a Igreja (com inclusão da *Nota Prévia,* a respeito da colegialidade episcopal).
	21 de novembro de 1964	Promulgação da Constituição dogmática *Lumen Gentium* sobre a Igreja. Decretos sobre o Ecumenismo [*Unitatis Redintegratio*] e as Igrejas Orientais [*Orientalium Ecclesiarum*]. Discurso de Paulo VI proclamando Maria, Mãe da Igreja. Encerramento da **terceira sessão**.
QUARTA SESSÃO	14 de setembro de 1965	Abertura da **quarta** e última **sessão**.
	15 de setembro de 1965	Paulo VI anuncia a instituição do Sínodo dos Bispos.
	26-27 de outubro de 1965	Votação do texto sobre a liberdade religiosa.
	28 de outubro de 1965	Promulgação dos Decretos sobre o múnus pastoral dos bispos [*Christus Dominus*], sobre a atualização dos Religiosos [*Perfectae Caritatis*], sobre a formação dos presbíteros [*Optatam Totius*]; das Declarações sobre a Educação cristã [*Gravissimum Educationis*] e das relações com as Religiões não-cristãs [*Nostra Aetate*].
	18 de novembro de 1965	Promulgação da Constituição dogmática sobre a Revelação divina [*Dei Verbum*] e do Decreto sobre o apostolado dos leigos [*Apostolicam Actuositatem*].
	7 de dezembro de 1965	Promulgação da Constituição pastoral sobre a Igreja no mundo de hoje [*Gaudium et Spes*], dos Decretos sobre a atividade missionária [*Ad Gentes*], o ministério e a vida dos presbíteros [*Presbyterorum Ordinis*], e da Declaração sobre a liberdade religiosa [*Dignitatis Humanae*]. Levantamento das excomunhões de 1054.
	8 de dezembro de 1965	Encerramento do 21º Concílio Ecumênico pelo papa Paulo VI.

ao mundo para evangelizar. Ela não se confunde com o Reino de Deus — núcleo da obra salvífica de Jesus —, mas está a seu serviço na qualidade de sinal e instrumento. Cristo, efetivamente, é "a Luz dos Povos" e, por ele, temos acesso à vida divina da Trindade. A missão da Igreja no mundo tem uma dimensão claramente transformadora, no sentido de tornar visível e operante, desde já, os grandes valores do Reino que coincidem com as mais íntimas aspirações do coração humano por justiça, paz, fraternidade e plenitude de vida.

A Igreja saiu do Concílio mais despojada, modesta e simples. Quis expressar, com maior limpidez, o que lhe é essencial: o anúncio da Boa-Nova de Jesus, com todas as suas implicações concretas para a construção de um mundo novo, sempre "em ordem do Reino". Reconheceu a si mesma como servidora da humanidade, como um Povo de Deus que caminha no meio dos seres humanos sendo "sinal de esperança". Não pode excluir ninguém e deve estar disposta a dialogar com todos os que — sob qualquer forma ou título — buscam o bem.

A Paulo VI coube colocar em prática as grandes orientações do Vaticano II. Ele o fez com coragem e prudência, dando preferência à dimensão pastoral da obra conciliar. Muito sofreu com sistemáticas oposições de aguerridos conservadores, e também se decepcionou com setores da Igreja que queriam, a todo custo, forçar uma aplicação imediata das novidades, freqüentemente sem a necessária paciência histórica. Com apreensão e até ansiedade, via surgir, na Igreja pós-conciliar, uma profunda crise de identidade, que atingiu, em particular, os ministros ordenados e, ainda, os religiosos e as religiosas. O fenômeno não é dissociado de um processo bem mais extenso que, no decorrer dos anos, atingirá, praticamente, todos os países do Velho Mundo, traduzindo-se numa crescente secularização da Europa. Parece uma ironia da história: as igrejas que gestaram o Concílio (especialmente as do Norte da Europa), cujos representantes foram os protagonistas dos grandes avanços conciliares, mostraram-se incapazes de traduzi-los em práxis pastoral de verdade inovadora e duradoura nos seus próprios países de origem.

4. AMÉRICA LATINA E A RECEPÇÃO CONCILIAR

Até meados do século XX, a Igreja latino-americana é praticamente um reflexo da Igreja européia. Aqui, também, se manifesta a realidade secular de colonização. Ainda no início do século XIX, por ocasião dos movimentos de independência das colônias ibéricas na América do Sul, a Santa Sé demonstra hesitação e recomenda aos países em vias de emancipação que sejam fiéis "aos legítimos reis" das antigas Metrópoles. A palavra "revolução" soa, em Roma, como "rebelião contra a ordem estabelecida por Deus", por isso mesmo condenável em si. Mas, paulatinamente, todas as colônias da Espanha tornam-se repúblicas autônomas e livres do jugo colonial. Só no Brasil — país que declara sua independência política de Portugal em 1822 — continua o regime monárquico. Em geral, as novas nações sul-americanas mantêm o catolicismo como "religião oficial". Assim, a Constituição do Império do Brasil (1824) declara a religião católica apostólica romana "religião de Estado" (art. 5º), constituindo o imperador como seu "protetor oficial".

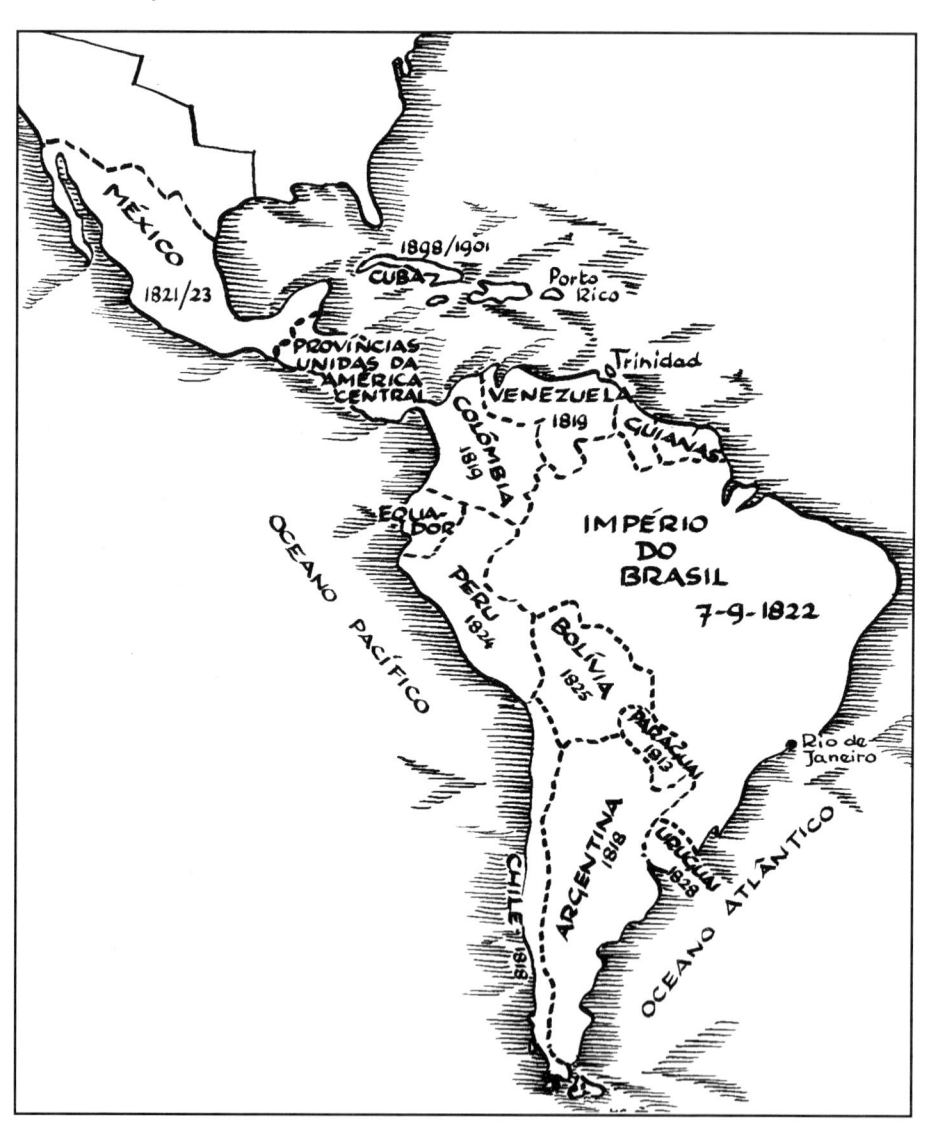

Emancipações políticas de ex-colônias ibéricas na América do Sul
em princípios do século XIX

Ao longo do século XX, a relação Igreja-Estado, nos novos países, não é nada tranqüila. Ao contrário, caracteriza-se por constantes tensões e conflitos. Entre a intelectualidade e as classes dominantes grassa o agnosticismo, fomentado pelo positivismo. Ser católico, nesses ambientes, é sinônimo de imaturidade, do ponto de vista cultural e científico. Formalmente, continua-se pertencendo à instituição eclesiástica, mas, por via de regra, falta a adesão interior às verdades da fé. Entre o povo florescem múltiplas formas de religiosidade popular, que não podem ser encaradas como simples sincretismos ou sucedâneos dos ritos oficiais, mas, muitas vezes, constituem uma profunda vivência dos mistérios da fé, sendo, ao mesmo tempo, um potencial de resistência nas agruras do dia-a-dia. Desde a segunda metade do século XIX, as hierarquias eclesiásticas nacionais procuram uma mais direta aproximação de Roma, fenômeno que coincide com a política centralizadora de Pio IX (1846-1878). Surge, assim, um movimento intereclesial conhecido como "romanização". Do Vaticano partem as diretrizes para a ação das igrejas particulares do continente. Símbolos dessa nova orientação são, entre outros, a fundação do Colégio Pio Latino-Americano, em Roma (1858), e o Concílio Plenário Latino-Americano, realizado em Roma em 1899.

No Brasil, é proclamada a República em 1889 e, logo depois, decretada a separação de Igreja e Estado (7.1.1890). Cria-se, oficialmente, o Estado neutro, secularizado. Mas a Igreja não aceita sem reservas esse forçado afastamento e busca achegar-se ao poder público. Semelhante processo — logicamente com as particularidades locais — verificamos em outros países da América Latina. Começa o que alguns chamam de "militância católica", com o objetivo de recuperar o "prestígio social" da Igreja e, se possível, reconstruir a cristandade. São feitos acordos entre os respectivos Estados e a instituição eclesiástica, às vezes à revelia da própria constituição do país. Isso se verifica, sobretudo, onde há regimes populistas e, mais ainda, sistemas ditatoriais, como no caso do Brasil, com Getúlio Vargas (1934-1945). Mas a cristandade — como convivência pacífica, ou melhor, interesseira, entre os "dois poderes" — já teve seu tempo e mostra-se, agora, abertamente anacrônica. As tentativas de reconstruí-la ou revitalizá-la fatalmente levam ao fracasso. O mundo estava mudando e os princípios de liberdade e autodeterminação vieram para ficar. Nisso tudo influi, igualmente, a evolução do capitalismo e de seu aguerrido adversário, o socialismo. O fim da II Guerra Mundial (1939-1945) significa, também, para a América Latina, uma guinada, tanto do ponto de vista econômico-político quanto social-eclesiástico. Os anos 1950 constituem a época da euforia desenvolvimentista, da qual participa ativamente a própria Igreja, como é bem visível no Brasil. Nota-se, no decurso do tempo, um crescente desgaste do modelo. Não basta uma simples recuperação do "atraso econômico", urge uma transformação radical das injustas estruturas sociais.

Os regimes militares, através de medidas de força, pretendem perpetuar e consolidar um ordenamento sociopolítico que privilegia os donos do poder, as minorias opulentas aliadas ao capital estrangeiro. É nesse clima de tensão social, já prenunciando a irrupção de reformas estruturais, que os bispos da América Latina viajam para Roma, atendendo à convocação do Papa para participar do Concílio Ecumênico Vaticano II. A grande maioria desses pastores entra na aula conciliar um tanto despreparada, sobretudo no que se refere às novas correntes teológicas e eclesiológicas. O episcopado do Brasil está em situação privilegiada — como já vimos —, tanto pela sua organização como pela incipiente experiência de planejamento pastoral. O Vaticano II será, para os bispos latino-americanos, uma grande e proveitosa escola de aprendizagem!

No continente sul-americano, o Concílio terá uma recepção original e criativa, mediante as sucessivas Conferências Gerais do Episcopado Latino-Americano promovidas pelo Conselho Episcopal Latino-Americano (CELAM). Em 1968 — portanto, apenas três anos depois do encerramento do Vaticano II —, realiza-se, em Medellín (Colômbia), a II Conferência (a primeira foi a da fundação do CELAM, no Rio de Janeiro, em 1955). Esse acontecimento pode ser considerado como "o nascimento da Igreja latino-americana", no sentido de uma Igreja com rosto próprio e não simplesmente uma cópia da ocidental-romana. Aplicando o método ver-julgar-agir, é feita uma atenta análise da realidade do continente para captar os "sinais dos tempos". Constata-se a dolorosa situação de uma pobreza endêmica, de estruturas baseadas em profundas e inadmissíveis injustiças. Como evangelizar nesse contexto de iniquidade, em flagrante contradição com a mensagem evangélica? Uma preocupação eminentemente pastoral preside às reflexões dos bispos e o documento final de Medellín traz a marca deste enfoque. Como frutos maduros da Conferência Episcopal de 1968, temos a inequívoca e irrenunciável opção pelos pobres, tendo em vista a sua libertação. A teologia da libertação irá motivar, bíblica e espiritualmente, essa preferência evangélica. É incentivada a criação de células eclesiais em âmbito paroquial, germe das futuras comunidades eclesiais de base (CEBs), com forte inspiração bíblica ("círculos bíblicos") e empenho em conjugar, no cotidiano, fé e vida, que devem fecundar-se reciprocamente.

O itinerário eclesial entre Medellín e Puebla (México), local da III Conferência Geral do Episcopado Latino-Americano (1979), caracteriza-se pela presença de numerosos mártires, testemunhas de fé nas contradições e perseguições que o cristianismo sofre no continente durante o endurecimento dos regimes de exceção. Na realidade, o sangue desses mártires torna-se semente de vida evangélica que renova, por dentro, a comunidade de Igreja na América Latina.

A consigna de Puebla — "comunhão e participação" — traduz a categoria eclesiológica central do Vaticano II, que apresentava a Igreja como um

Povo de Deus em marcha à Casa do Pai, comunidade de fé na qual todos têm a mesma dignidade e igualdade, em virtude do batismo, sendo todos, igualmente, co-responsáveis pela missão evangelizadora da Igreja. Na III Assembléia Episcopal é retomada, com novo vigor, a "evangélica opção preferencial pelos pobres", como elemento constitutivo da ação pastoral da Igreja latino-americana. A religiosidade popular recebe atenção especial, sendo revalorizada como legítima expressão da vivência da fé por parte do povo simples. As comunidades eclesiais de base ganham grande incentivo e avalia-se sua importância para a renovação eclesial nas bases. O surgimento de novos ministérios laicais, com expressiva participação de mulheres, torna-se sinal de esperança, mas provoca, também, inquietude e preocupação em alguns setores da hierarquia.

A IV Conferência Geral do Episcopado Latino-Americano — por ocasião do V Centenário do "Descobrimento" da América —, realizada em Santo Domingo (1992), retoma a essência do conteúdo das conferências anteriores e atualiza-a. Insiste na necessidade de uma "nova evangelização" do continente, tendo em vista, particularmente, os afastados da comunidade eclesial. Nesse contexto, os bispos falam do protagonismo dos leigos na obra evangelizadora. Mas evangelização em profundidade supõe uma inculturação da fé, que reconhece e aprecia valores evangélicos já presentes nas diversas realidades culturais a serem visitadas com a mensagem de Jesus.

Nos anos que seguem a Santo Domingo, novos desafios exigem a atenção da Igreja no continente, entre os quais a crescente secularização, o avanço de igrejas pentecostais, o aparecimento de formas a-dogmáticas da fé cristã, a globalização com sua seqüela de desemprego e exclusão social, além da divulgação de um subjetivismo exarcerbado de sabor hedonista.

5. VIRADA DE MILÊNIO: ESPERANÇAS E TEMORES

É cedo demais para fazer um balanço mais objetivo do pontificado de João Paulo II (1978-2005), cuja eleição foi entusiasticamente acolhida na época. Seu governo de 26 anos foi o segundo mais longo da história, só superado pelos 32 anos de Pio IX (1846-1878). João Paulo II — sucessor de João Paulo I, que, em meados de 1978, por apenas 33 dias ocupou o trono de são Pedro — desenvolveu iniciativas promissoras, entre as quais recordamos: seu ardoroso empenho pela paz mundial; sua incansável luta contra o sistema totalitário do comunismo, mas, igualmente, suas fortes críticas ao capitalismo ocidental; seu compromisso inarredável com a justiça social, manifesto, entre outros documentos, nas três encíclicas sociais que nos deixou; seu incentivo ao diálogo ecumênico e inter-religioso. O pontífice polonês foi o Papa da comunicação fácil, que soube arrastar as massas, em particular os jovens, fazendo-se pessoalmente presente em quase todas as partes do mundo.

O papa Wojtyla encaminhou uma grandiosa celebração quando da passagem do segundo milênio do nascimento de Jesus Cristo, o Jubileu do Ano 2000, promovendo, em toda a Igreja, a campanha de "nova evangelização", tomando como ponto de referência uma aprofundada reflexão sobre o mistério da Santíssima Trindade.

Mas o pontificado deste grande Papa do século XX trouxe também sombras, como acontece em qualquer realidade humana. Com o Sínodo Episcopal Extraordinário de 1985 — convocado para avaliar as duas décadas pós-conciliares —, percebemos uma guinada na orientação romana. Alguns começaram a falar de um "inverno eclesiástico", de um esfriamento do entusiasmo que a renovação do Vaticano II suscitou na Igreja, de um retorno a modelos pré-conciliares. Sentia-se, de fato, uma crescente centralização na Igreja, que tinha na Cúria Romana seu pivô. Uma restritiva interpretação da eclesiologia de Povo de Deus dá a impressão de querer-se favorecer a dimensão hierárquica da Igreja. Junto com esses fenômenos intereclesiais avança, de forma assustadora, a secularização dos países do primeiro mundo, visível, por exemplo, na preparação da carta magna da Comunidade Européia. Para muitos, as instituições religiosas tradicionais perderam sua plausibilidade e, conseqüentemente, são relativizadas a favor de interesses pessoais. Em âmbito propriamente eclesial, ouvem-se insistentes apelos por estruturas mais flexíveis e participativas, mediante a formação de comunidades vivas com ministérios capazes de atender às crescentes e variadas demandas dos fiéis. São questionadas, fortemente, as restrições feitas a mulheres nos diversos níveis ministeriais e órgãos de decisão. Em ambientes mais críticos, é denunciada a incoerência detectada em discursos do magistério. De um lado, é dito, faz-se a defesa da democracia; de outro, dentro da própria Igreja os mesmos princípios não são aplicados! Constata-se, ao contrário, o surgimento de novas formas de autoritarismo e de clericalismo, exatamente o contrário daquilo que o Concílio procurou colocar em prática.

Há um tema que sumamente incomoda a Igreja de nossos dias e que jamais perde sua atualidade: a opção pelos pobres em nome da fidelidade ao Evangelho. Recentemente, houve um inegável arrefecimento desta dimensão irrenunciável da evangelização. E isso enquanto verificamos, no mundo, um aumento assustador da exclusão social, envolvendo, hoje, povos e continentes inteiros. O capitalismo neoliberal, com seu domínio despótico no Ocidente, globalizou a economia, implantando uma alta tecnologia que dispensa grande número de assalariados. Tudo isso desafia, tremendamente, a ação pastoral da Igreja e o anúncio do Evangelho como Boa-Notícia de vida para todos, privilegiando — segundo o testemunho de

Jesus — os fracos e excluídos, em suma, todos cuja própria sobrevivência integral está periclitando.

Após a morte de João Paulo II, em abril de 2005, foi eleito, como seu sucessor, seu ex-braço direito na Cúria Romana e então prefeito da Congregação para a Doutrina da Fé, cardeal Joseph Ratzinger, que adota o nome de Bento XVI. Essa escolha foi recebida com certas reservas, mas suscitou, ao mesmo tempo, esperanças. Tudo indica que o governo do novo Papa não será uma simples continuação do pontificado anterior. Bento XVI tem, diante de si, um mundo bem diferente do da época do Concílio Vaticano II (1965) ou do tempo em que João Paulo II assumiu o sumo pontificado (1978). Começa seu múnus petrino numa realidade multicultural, pluriética e plurirreligiosa. O que se espera é que o diálogo com este mundo novo não seja bloqueado, mas, ao contrário, intensificado numa atitude de abertura e coragem, sempre à escuta daquilo que o Espírito quer dizer, neste momento específico da caminhada da humanidade, para que também os seres humanos de nosso tempo possam experimentar que o Senhor da Vida "está sempre conosco" (cf. Mt 28,20).

DOCUMENTO
DA CONSTITUIÇÃO PASTORAL *GAUDIUM ET SPES* (7.12.1965),
"SOBRE A IGREJA NO MUNDO DE HOJE",
DO CONCÍLIO VATICANO II

Introdução

A missão da Igreja é evangelizar, ser presença transformadora na sociedade à luz da Boa-Nova de Jesus. A constituição pastoral do 21º Concílio Ecumênico é uma expressão eloqüente dessa conscientização. Durante o período conciliar, teve uma gestação de dois anos, a começar pelo "Esquema 17", logo depois transformado no famoso "Esquema 13", que traz como título "Dos princípios e da ação da Igreja para promover o bem da sociedade". A partir de janeiro de 1963, vai sendo elaborado o texto intitulado "Da presença da Igreja no mundo de hoje", que — após muitos debates e numerosas modificações —, será votado como último documento do Vaticano II, em 7 de dezembro de 1965. Na sua primeira parte, apresenta uma verdadeira antropologia cristã, expondo o ensinamento da Igreja sobre o ser humano e seu destino divino. Todo o conteúdo desta extensa constituição respira uma preocupação eminentemente pastoral e revela a séria vontade de diálogo com o mundo de nosso tempo:

As alegrias e as esperanças, as tristezas e as angústias dos homens de hoje, sobretudo dos pobres e de todos aqueles que sofrem, são também as alegrias e as esperanças, as tristezas e as angústias dos discípulos de Cris-

to; e não há realidade alguma verdadeiramente humana que não encontre eco no seu coração (n. 1).

Texto

A Igreja, que tem a sua origem no amor do eterno Pai, fundada, no tempo, por Cristo Redentor, e reunida no Espírito Santo, tem um fim salvador e escatológico, o qual só se poderá atingir plenamente no outro mundo. Mas existe já atualmente na terra, composta de homens que são membros da cidade terrena e chamados a formar já na história humana a família dos filhos de Deus, a qual deve crescer continuamente até a vinda do Senhor. Unida em vista dos bens celestes e com eles enriquecida, esta família foi por Cristo "constituída e organizada como sociedade neste mundo", dispondo de "convenientes meios de unidade visível e social". Deste modo, a Igreja, simultaneamente "agrupamento visível e comunidade espiritual", caminha juntamente com toda a humanidade, participa da mesma sorte terrena do mundo e é como que o fermento e alma da sociedade humana, a qual deve ser renovada em Cristo e transformada em família de Deus.

Esta compenetração da cidade terrena com a celeste só pela fé se pode perceber; mais, ela permanece o mistério da história humana, sempre perturbada pelo pecado, enquanto não chega à plena manifestação da glória dos filhos de Deus. Procurando o seu fim salvífico próprio, a Igreja não se limita a comunicar ao homem a vida divina, mas espalha, de certo modo, os reflexos da sua luz sobre todo o mundo, sobretudo enquanto sara e eleva a dignidade da pessoa humana, consolida a coesão da sociedade e dá um sentido mais profundo à atividade quotidiana dos homens. A Igreja pensa, assim, que, por meio de cada um de seus membros e por toda a sua comunidade, muito pode ajudar para tornar mais humana a família dos homens e a sua história.

FONTE: *Documentos do Concílio Ecumênico Vaticano II.* São Paulo, Paulus, 1997. pp. 584-585. Documentos da Igreja.

Resumindo

• *Uma mentalidade anti-revolucionária*

- A oposição católica ao liberalismo e ao socialismo: suas motivações e expressões
- A abertura ao novo: os católicos liberais
- A política antimoderna nos pontificados de Pio IX e Pio X
- A Questão Romana e sua repercussão nas posições dos respectivos papas

- Roma e as ideologias do fascismo e do nazismo
- *Momentos de aproximação e diálogo*
  - A vitalidade católica do século XIX
  - O empenho da Igreja na Questão Social: início da sua doutrina social (*Rerum novarum*, 1891)
  - O renovado impulso às missões e incipiente deseuropeização da evangelização
  - O amadurecimento do laicato (contribuição da Ação Católica)
  - Uma cautelosa abertura ao diálogo ecumênico
- *O Concílio que revolucionou a Igreja*
  - Movimentos inovadores antes do Vaticano II
  - Objetivos, preparação e abertura do Concílio
  - O conteúdo central da renovação conciliar
  - A contribuição dos bispos do Brasil
  - Paulo VI e a execução das orientações conciliares
- *A renovação conciliar na América Latina*
  - Uma mentalidade colonialista no campo eclesial e a romanização da Igreja latino-americana
  - A neocristandade e o espírito de militância católica
  - A Igreja diante das ideologias do desenvolvimentismo e da segurança nacional
  - A ousadia profética de Medellín (1968)
  - O decênio entre Medellín e Puebla (1979): opção pelos pobres, comunidades eclesiais de base, teologia da libertação, martírio
  - Santo Domingo (1992): a convocação para a "nova evangelização", o protagonismo dos leigos e a inculturação da fé
- *A passagem do milênio: novos desafios*
  - A figura de João Paulo II: luzes e sombras do seu pontificado
  - Fenômenos novos que exigem especial atenção da Igreja: secularização, subjetivismo religioso, pentecostalismo, ascensão do islã, ministérios eclesiais e estruturas participativas
  - A realidade da crescente pobreza e exclusão social, atingindo níveis mundiais
  - O início do pontificado de Bento XVI: esperanças e reservas

Aprofundando

Um dos grandes desafios da Igreja nos últimos dois séculos é o crescente pluralismo religioso. Em que consiste tal fenômeno e como o catolicismo está lidando com esta realidade nova? Quais perspectivas se abriram a partir do 21º Concílio Ecumênico (1962-1965)?

Perguntas para reflexão e partilha

1) Como se explica a ferrenha e sistemática oposição do catolicismo à Modernidade durante boa parte dos últimos duzentos anos?

2) Qual tem sido a contribuição específica da Igreja na chamada *Questão Social*, que tanto abalou os alicerces da sociedade ocidental nos séculos XIX e XX?

3) A Ação Católica teve grandes méritos na formação de um laicato consciente e responsável. Qual tem sido o segredo de sua contribuição singular na vida da Igreja?

4) Em que consiste o cerne da renovação promovida pelo Vaticano II e como isso se manifesta nos anos pós-conciliares?

5) Mostre a originalidade da recepção do Concílio na América Latina apontando os frutos que produziu no continente.

6) Quais são os grandes desafios que se colocam diante da missão evangelizadora da Igreja no início do século XXI? Você já experimentou algo disso na sua própria vida ou em seus relacionamentos? Como procurou orientar-se?

Bibliografia

BENIGNI, M. & ZANCHI, G. *João XXIII*. Apelação (Portugal), Paulus, 2000. 302 p.

BEOZZO, J. O. *A Igreja do Brasil no Concílio Vaticano II (1959-1965)*. São Paulo, Paulinas, 2005. 611 p.

_____ (Org.). *O Vaticano II e a Igreja latino-americana*. São Paulo, Paulus, 1985. 86 p.

BOFF, C. *Uma Igreja para o novo milênio*. 4. ed. São Paulo, Paulus, 1998. 37 p. Temas de Atualidade.

GAUTHIER, P. *O Concílio e "a Igreja dos pobres"*. Petrópolis, Vozes, 1967. 291 p.

GONÇALVES, P. S. & BOMBONATTO, V. I. (Orgs.). *Concílio Vaticano II:* análise e prospectivas. São Paulo, Paulinas, 2004. 420 p. Alternativas.

LIBANIO, J. B. *Cenários da Igreja.* 3. ed. São Paulo, Loyola, 2001. 133 p. CES, 2.

_____. *Concílio Vaticano II:* em busca de uma primeira compreensão. São Paulo, Loyola, 2005. 223 p. "Theologica", 14.

_____. *Igreja contemporânea:* encontro com a modernidade. 2. ed. São Paulo, Loyola, 2002. 194 p. CES, 4.

LORSCHEIDER, A. et al. *Vaticano II:* 40 anos depois. São Paulo, Paulus, 2005. 92 p. Comunidade e Missão.

MATOS, H. C. J. *Caminhando pela história da Igreja:* uma orientação para iniciantes. Belo Horizonte, O Lutador, 1996. v. 3, 382 p.

_____. *Introdução à história da Igreja.* 5. ed. Belo Horizonte, O Lutador, 1997. v. 2.

MENOZZI, D. *A Igreja Católica e a secularização.* São Paulo, Paulinas, 1999. 300 p. Igreja na História.

QUEIRUGA, A. T. *Fim do cristianismo pré-moderno:* desafios para um novo horizonte. São Paulo, Paulus, 2003. 254 p. Temas de atualidade.

RICCARDI, A. *As políticas da Igreja.* Apelação (Portugal), Paulus, 1998. 160 p. Janela Aberta, 8.

ZAGHENI, G. *A idade contemporânea.* São Paulo, Paulus, 1999. 412 p. Curso de História da Igreja, 4.

CONCLUSÃO

Poder estudar a história da Igreja é um privilégio. Adentrar na teologia sem um referencial histórico concreto é correr o risco de ficar em abstrações e teorias. Afinal de contas, a fé cristã é uma fé indiscutivelmente histórica. Por meio do relato histórico acompanhamos a progressiva revelação de Deus, que, amorosamente, vem ao nosso encontro e convida-nos a entrar em comunhão com ele. Trata-se de um processo pedagogicamente conduzido, tendo seu ponto de partida na primeira aliança, quando Javé escolhe o povo de Israel para ser o sinal da sua presença salvífica no mundo. A humanização do Filho de Deus, Jesus Cristo, densifica e completa tal proximidade salvadora de Deus entre nós. De fato, Deus faz-se história e assim nos redime. Tocamos, aqui, o cerne da nossa fé: um Deus que se revela por amor, no mistério de sua Trindade. Esse dado é o absoluto na nossa existência cristã e todo o resto se relativiza diante desse mistério fundante. A teologia procura entender melhor essa mesma fé buscando sua razão de ser. Mas a ciência da fé (teologia) careceria de solidez se não partisse da experiência vivida do Povo de Deus ao longo de sua caminhada, primeiro no Antigo e depois no Novo Testamento. É nesse itinerário histórico que percebemos a presença do Senhor como proposta de vida plena, mas verificamos, igualmente, que a resposta da humanidade — e do Povo de Deus como parte dela — nem de longe responde à oferta divina. A nossa história de fé é "sagrada" pelo fato de termos Deus como parceiro, mas do lado humano, ela é permeada de incoerências, desvios, infidelidades e traições. É trama concreta da nossa caminhada como filhos e filhas de Deus. O relato histórico do Povo de Deus não pode esconder essas verdades. Sendo história nossa, revela a fidelidade de Deus, que nunca falha, mas mostra, também, a permanente necessidade de nossa conversão. Acertadamente, o Concílio Vaticano II fala de uma "Igreja peregrina, chamada por Cristo a essa reforma perene, de que ela própria, como instituição humana e terrena, necessita perpetuamente" (decreto *Unitatis Redintegratio*, n. 6), retomando, assim, um assertivo caro a Martinho Lutero, o grande Reformador do século XVI, quando defende o princípio da *ecclesia* (reformata) *semper reformanda*.

Com esta publicação cumprimos uma tarefa nada fácil e, para dizer a verdade, além de nossa capacidade de síntese. Temos plena consciência de suas lacunas e imperfeições. Assim, por exemplo, poderíamos ter dado maior atenção à Igreja do Oriente, com seu riquíssimo patrimônio cristão, ou à evangelização da América Latina. São apenas duas observações entre tantas que podem ser feitas. A própria natureza de um compêndio — entendido como a oferta de uma visão global de caráter iniciatório — impõe escolhas e, inevitavelmente, limita-se a uma abordagem mais generalizada dos fatos. Por isso é imprescindível que o leitor ou estudante complete as informações básicas aqui fornecidas com documentos e subsídios de maior envergadura.

Cada um de nós, pelo testemunho de vida e empenho apostólico, está escrevendo, hoje, sua página da história de nossa comunidade de fé. Queira Deus que, no alvorecer deste terceiro milênio da era cristã, seja uma verdadeira "história salvífica".

BIBLIOGRAFIA GERAL

OBRAS DE CUNHO DIDÁTICO

ANTONIAZZI, A. & MATOS, H. C. J. *Cristianismo, 2000 anos de caminhada*. 3. ed. São Paulo, Paulinas, 1996. 252 p. [Visão panorâmica da história do cristianismo por meio de quinze temas selecionados. Contém uma detalhada cronologia, além de orientações sobre o uso deste subsídio na catequese. Índice analítico e ampla bibliografia de aprofundamento.]

CECHINATO, L. *Os vinte séculos de caminhada da Igreja*: principais acontecimentos da cristandade, desde os tempos de Jesus até João Paulo II. Petrópolis, Vozes, 1996. 470 p.

COMBY, J. *Para ler a história da Igreja*. São Paulo, Loyola, 1993. v. 1, 191 p.: Das origens ao século XVI; 1994. v. 2, 242 p.: Do século XV ao século XX. [Muito didático. Mais voltado para o cristianismo europeu. Tradução do francês.]

FRÖHLICH, R. *Curso básico de história da Igreja*. São Paulo, Paulus, 1987. 174 p. [Contém um resumo cronológico dos principais acontecimentos, uma seleção de documentos e cerca de trinta mapas. Tradução do alemão com adaptações.]

MATOS, H. C. J. *Caminhando pela história da Igreja*: uma orientação para iniciantes. Belo Horizonte, O Lutador. 1995. v. 1, 180 p.: Período Antigo e Medieval; v. 2, 216 p.: Período Moderno; 1996. v. 3, 383 p.: Período Contemporâneo. [Obra escrita tendo em vista cursos de teologia para leigos. Prima pela sua impostação didática. Compõe-se de doze textos-base, desdobrados em 124 suplementos de aprofundamento temático e documental. Há doze enfoques de pessoas que marcaram momentos específicos da história. Fartamente ilustrado. Muitos mapas, quadros sinóticos e esquemas. Inclui o essencial da história da Igreja na América Latina — enfatizando particularmente o período colonial —, sobretudo do Brasil.]

_____. *História do cristianismo*: faixa de tempo. 3. ed. Belo Horizonte, 2006. [Oferece quatro painéis para cada um dos períodos da história. Visualiza os fatos mais significativos do cristianismo, projetando-os contra o pano de fundo da história sociopolítica e cultural da humanidade.]

_____. *Introdução à história da Igreja*. 5. ed. Belo Horizonte, O Lutador, 1997. v. 1, 350 p.: Idade Antiga e Média; v. 2, 406 p.: Idade Moderna e Contemporânea. [Manual para estudantes que desejam ter uma visão de conjunto da caminhada da Igreja ao longo dos séculos. Muitas ilustrações, mapas e gráficos. No segundo volume, há um extenso capítulo sobre o itinerário histórico da Igreja na América Latina.]

PIERRARD, P. *História da Igreja*. São Paulo, Paulus, 1982. 298 p. [Obra de divulgação, embora em linguagem nem sempre fácil. Tradução do francês.]

OBRAS ERUDITAS

ALBERIGO, G. *A Igreja na história*. São Paulo, Paulinas, 1999. 376 p. Igreja na História.

ARETIN, K. O. von. *El papado y el mundo moderno*. Madrid, Guadarrama, 1970. 250 p. Biblioteca para el Hombre Actual, 53.

BAUR, J. *2000 anos de cristianismo em África:* uma história da Igreja africana. Lisboa, Paulinas, 2002. 630 p.

BEDOUELLE, G. *La historia de la Iglesia*. 2. ed. Valencia, EDICEP, 1993. 290 p. Manuales de Teología Católica, 14.

BENZ, E. *Descrição do cristianismo*. Petrópolis, Vozes, 1995. 460 p. [O autor, notável historiador e teólogo, procura apresentar os traços fundamentais do cristianismo como fenômeno histórico. Adota o ponto de vista ecumênico. A preciosa bibliografia de quase sessenta páginas é basicamente alemã, mas a obra é bastante acessível e de ótima qualidade.]

BETTENSON, H. (Org.). *Documentos da Igreja cristã*. 2. ed. Rio de Janeiro, JUERP, 1983. 370 p. [Seleção de documentos eclesiásticos católicos, protestantes e anglicanos.]

BIHLMEYER, K. & TUECHLE, H. *História da Igreja*. São Paulo, Paulinas, 1964-1965. 3 vv. [Manual clássico para seminários e faculdades de teologia católica escrito antes da renovação conciliar. Obra rica em informações e dados, embora desatualizada em parte.]

CHAPPIN, M. *Introdução à história da Igreja*. São Paulo, Loyola, 1999. 143 p. [O estatuto teórico da história da Igreja.]

CHRISTOPHE, P. *Pequeno dicionário da história da Igreja*. São Paulo, Paulus, 1997. 143 p.

COLLINS, M. & PRICE, M. A. *História do cristianismo*. São Paulo, Loyola, 2000. 240 p.

CONGAR, Y. *Igreja e papado:* perspectivas históricas. São Paulo, Loyola, 1997. 349 p.

DANIEL-ROPS. *História da Igreja de Cristo*. São Paulo, Quadrante, a partir de 1988. 10 vv. [Obra escrita, originalmente, em francês entre 1948 e 1960. O autor é um escritor agradável, mas não um historiador profissional.]

DELUMEAU, J. & MELCHIOR-BONNET, S. *De religiões e de homens*. São Paulo, Loyola, 2000. 402 p.

DREHER, M. N. *Coleção história da Igreja*. São Leopoldo, Sinodal, 1993. v. 1, 96 p.: A Igreja no Império Romano; 1994. v. 2, 125 p.: A Igreja no mundo medieval; 1996. v. 3, 131 p.: A crise e a renovação da Igreja no período da Reforma; 1999. v. 4, 244 p.: A Igreja latino-americana no contexto mundial.

DUÉ, A. *Atlas histórico do cristianismo*. Petrópolis–Aparecida, Vozes–Santuário, 1999. 322 p.

DUFFY, E. *Santos e pecadores:* história dos papas. São Paulo, Cosac e Naify, 1998. 328 p.

FLICHE, A. & MARTIN, V. *Historia de la Iglesia*. Valencia, EDICEP, a partir de 1976. 30 vv. e três suplementos. [É a obra mais ampla de que dispomos neste momento, com tomos de valor desigual. Rica em ilustrações e dados.]

HERNANDEZ, F. M. *La Iglesia en la historia:* una visión serena y desapasionada de la Iglesia en el mundo. Madrid, Sociedad de Educación Atenas, 1984. v. 1, 344 p.; v. II, 365 p.

JEDIN, H. (Dir.). *Manual de historia de la Iglesia*. Barcelona, a partir de 1966. 9 vv. [O mais amplo — cerca de sete mil páginas — manual universitário de história da Igreja Católica, elaborado por professores alemães, sob a direção de H. Jedin.]

JOHNSON, P. *História do cristianismo*. Rio de Janeiro, Imago, 2001. 680 p.

KÜNG, H. *A Igreja Católica*. Rio de Janeiro, Objetiva, 2002. 263 p. História Essencial.

LATOURETTE, K. S. *Historia del cristianismo*. 4. ed. [s. l.], Casa Bautista de Publicaciones. t. I, 4. ed., 1978, 819 p.; t. II, 3. ed. 1977, 964 p.

LLORCA, B.; GARCIA-VILLOSLADA, R.; MONTALBÁN, F. J. *Historia de la Iglesia Católica*. Madrid, BAC, a partir de 1950. 5 vv.

LORTZ, J. *Historia de la Iglesia en la perspectiva de la historia del pensamiento*. Madrid, Cristandad, 1982. 2 vv., resp. de 630 p. e 732 p.

MARTINA, G. *História da Igreja de Lutero a nossos dias*. São Paulo, Loyola, 1995-1997. 4 vv.

McBRIEN, R. P. *Os papas:* de São Pedro a João Paulo II. São Paulo, Loyola, 2000. 527 p.

METZ, R. *Historia de los concilios*. Barcelona, Oikos-tau, [s. d.]. 125 p. ¿Qué sé?,48.

ROGIER, L. J.; AUBERT, R.; KNOWLES, M. D. (Dir.). *Nova história da Igreja*. Vozes, Petrópolis, 1966-1976. 5 vv., o último composto de três tomos. [Obra publicada logo depois do Concílio Vaticano II, numa perspectiva inovadora e ecumênica.]

SUFFERT, G. *Tu és Pedro:* santos, papas, profetas, mártires, guerreiros, bandidos. A história dos primeiros vinte séculos da Igreja fundada por Jesus Cristo. Rio de Janeiro, Objetiva, 2001. 517 p.

OBRAS REFERENTES À AMÉRICA LATINA E AO BRASIL

BIDEGÁIN, A. M. *História dos cristãos na América Latina.* Petrópolis, Vozes, 1993. t. I, 324 p.: Época colonial.

CAYOTA, M. *Semeando entre brumas:* utopia franciscana e humanismo renascentista, uma alternativa para a conquista. Petrópolis, CEFEPAL, 1992. 540 p.

CEHILA. *Historia general de la Iglesia en América Latina.* Salamanca, Sígueme, desde 1977. Com previsão de onze tomos.

DUSSEL, E. (Org.). *"Historia liberationis":* 500 anos de história da Igreja na América Latina. São Paulo, Paulinas–CEHILA, 1992. 712 p. [Vários autores tratam de diversos temas e países. No fim, ampla bibliografia ocupando sessenta páginas.]

HOORNAERT, E. *História do cristianismo na América Latina e no Caribe.* São Paulo, Paulus, 1994. 443 p. [Obra original e crítica. Organizada por temas e não cronologicamente. Ilustrada.]

LUSTOSA, O. F. *A presença da Igreja no Brasil:* história e problemas (1500-1968). São Paulo, Giro, 1977. 100 p.

MATOS, H. C. J. *História mínima da Igreja no Brasil.* Belo Horizonte, O Lutador, 2002. 43 p. [Síntese para iniciantes da presença de 500 anos da Igreja Católica no Brasil. Edição colorida e linguagem acessível.]

_____. *Nossa história:* 500 anos de presença da Igreja Católica no Brasil. São Paulo, Paulinas. t. 1, 2. ed., 2005, 319 p., Período colonial; t. 2, 2002, 283 p., Período imperial e transição republicana; t. 3, 2003, 314 p., Período republicano e atualidade.

PRIEN, H.-J. *La historia del cristianismo en America Latina.* Salamanca, Sígueme, 1985. 1236 p.

RICHARD, P. *Morte das cristandades e nascimento da Igreja:* análise histórica e interpretação teológica da Igreja na América Latina. São Paulo, Paulus, 1982. 241 p.

SUESS, P. (Coord.). *A conquista espiritual da América espanhola.* Petrópolis, Vozes, 1992. 1028 p. [Contém duzentos documentos do século XVI.]

VV.AA. *História da Igreja no Brasil:* ensaio de interpretação a partir do povo. Petrópolis, Vozes, desde 1977. Publicados dois volumes.

SUMÁRIO

Impresso na gráfica da
Pia Sociedade Filhas de São Paulo
Via Raposo Tavares, km 19,145
05577-300 - São Paulo, SP - Brasil - 2014